日本の伝統色

THE TRADITIONAL COLORS OF JAPAN

大

はじめに

私たちは古来より暮しの中に多彩な色合いを取り入れ、繊細で微妙な色の世界を見い出し、そしてその豊かな情趣を愛でてきました。それは多くの絵画や工芸・染織品、また文学や芸能作品として生活や文化の中に深く息づいています。

平安朝の女性の繊細で鋭敏な感性が生み出した、和様の美である襲装束の配色美であり、黄金や極彩色に満ちた武家社会に見られるきらびやかな彩りであり、また山紫水明との調和を求めた、閑寂な風流や侘び・寂びの世界に見られる彩りであるのです。

歴史の流れの中でつけられた色名には、一斤染・撫子色・韓紅花・猩猩緋・鴇羽色・珊瑚朱色・黄櫨染・利休白茶など、与えられた名前も美しく、風雅な色の名で飾られています。

本書では美しい250色の日本の伝統色を選び、写真と色名の解説をつけました。四季の移ろいの中に日本人の美のこころが生み出した色をお楽しみ下さい。

Introduction

Our Japanese heritage is rich in color, for we have long incorporated a generous palette of colors in our lives, discerning a world ofsubtle, delicate hues and loving their rich effects.
Those colors live on in paintings, craft objects, and textiles,
in literature and the performing arts, playing a profound role in Japanese life and culture.
This book presents a beautiful selection of 250 of those traditional Japanese colors,
with photographs and explanations of their names.
Wehope you will enjoy these colors, with their suggestions of thechanging seasons,
that the Japanese sense of beauty has created.

日本の伝統色

THE TRADITIONAL COLORS OF JAPAN

目次

1. 撫子色 なでしこいろ………13
2. 紅梅色 こうばいいろ………13
3. 蘇芳 すおう………13
4. 退紅 たいこう………15
5. 一斤染 いっこんぞめ………15
6. 桑染 くわぞめ
   桑の実色 くわのみいろ………15
7. 桃色 ももいろ………17
8. 苺色 いちごいろ………17
9. 薄紅 うすべに………17
10. 今様色 いまよういろ………19
11. 中紅 なかべに………19
12. 桜色 さくらいろ………19
13. 梅鼠 うめねずみ………21
14. 韓紅花 からくれない
    深紅 こきくれない………21
15. 臙脂色 えんじいろ………21
16. 紅 くれないべに………22
17. 鴇羽色 ときはいろ
    鴇色 ときいろ………22
18. 長春色 ちょうしゅんいろ………23
19. 深緋 こきあけ
    黒緋 くろあけ………25
20. 桜鼠 さくらねずみ………25
21. 甚三紅 じんざもみ………25
22. 小豆色 あずきいろ………26
23. 蘇芳香 すおうこう………26
24. 赤紅 あかべに………27
25. 真朱 しんしゅ………29
26. 灰桜色 はいざくらいろ………29
27. 栗梅 くりうめ………29
28. 海老茶 えびちゃ………31
29. 銀朱 ぎんしゅ………31
30. 黒鳶 くろとび………31
31. 紅鳶 べにとび………33
32. 曙色 あけぼのいろ………33
33. 紅樺 べにかば………33
34. 水がき みずがき
    とき浅葱 ときあさぎ………35
35. 珊瑚朱色 さんごしゅいろ………35
36. 紅檜皮 べにひわだ………35
37. 猩猩緋 しょうじょうひ………37
38. 鉛丹色 えんたんいろ………37
39. 芝翫茶 しかんちゃ………37
40. 檜皮色 ひわだいろ………39
41. 柿渋色 かきしぶいろ
    柿色 かきいろ………39
42. 緋 あけ………39
43. 鳶色 とびいろ………41
44. 紅緋 べにひ………41
45. 栗皮茶 くりかわちゃ
    栗皮色 くりかわいろ………41
46. 弁柄色 べんがらいろ………43
47. 照柿 てりがき………43
48. 江戸茶 えどちゃ………43
49. 洗朱 あらいしゅ………45
50. 百塩茶 ももしおちゃ
    羊羹色 ようかんいろ………45

51. 唐茶　からちゃ………45
52. ときがら茶　ときがらちゃ………47
53. 黄丹　おうに　おうたん………47
54. 纁　そひ　蘇比　そひ………47
55. 遠州茶　えんしゅうちゃ………49
56. 樺茶　かばちゃ………49
57. 焦茶　こげちゃ………49
58. 赤香色　あかこういろ………51
59. 雀茶　すずめちゃ………51
60. 宍色　ししいろ
肉色　にくいろ………51
61. 宗伝唐茶　そうでんからちゃ………53
62. 蒲色　かばいろ
樺色　かばいろ………53
63. 深支子　こきくちなし　ふかきくちなし………53
64. 胡桃色　くるみいろ………55
65. 代赭色　たいしゃいろ………55
66. 洗柿　あらいがき………55
67. 黄櫨染　こうろぜん………57
68. 赤朽葉　あかくちば………57
69. 礪茶　とのちゃ………57
70. 赤白橡　あかしろつるばみ………59
71. 煎茶色　せんちゃいろ………59
72. 萱草色　かんぞういろ
柑子色　こうじいろ………59
73. 洒落柿　しゃれがき………61
74. 紅鬱金　べにうこん………61
75. 梅染　うめぞめ………61
76. 枇杷茶　びわちゃ………63
77. 丁子茶　ちょうじちゃ………63
78. 憲法染　けんぽうぞめ
吉岡染　よしおかぞめ………63
79. 琥珀色　こはくいろ………65
80. 薄柿　うすがき………65
81. 伽羅色　きゃらいろ………65
82. 丁子染　ちょうじぞめ
香染　こうぞめ………67
83. 柴染　ふしぞめ………67
84. 朽葉色　くちばいろ………67
85. 金茶　きんちゃ………69
86. 狐色　きつねいろ………69
87. 煤竹色　すすたけいろ………69
88. 薄香　うすこう………71
89. 砥粉色　とのこいろ………71
90. 銀煤竹　ぎんすすたけ………71
91. 黄土色　おうどいろ………73
92. 白茶　しらちゃ………73
93. 媚茶　こびちゃ………73
94. 黄唐茶　きがらちゃ
黄雀茶　きがらちゃ………75
95. 山吹色　やまぶきいろ………75
96. 山吹茶　やまぶきちゃ………75
97. 櫨染　はじぞめ………77
98. 桑染　くわぞめ
桑茶　くわちゃ………77
99. 玉子色　たまごいろ………77
100. 白橡　しろつるばみ………79

101. 黄橡　きつるばみ………79
102. 玉蜀黍色　とうもろこしいろ………79
103. 花葉色　はなばいろ………80
104. 生壁色　なまかべいろ………80
105. 鳥の子色　とりのこいろ………81
106. 浅黄　うすき………83
107. 黄朽葉　きくちば………83
108. 支子　くちなし　梔子　くちなし………83
109. 藤黄　とうおう………85
110. 鬱金色　うこんいろ………85
111. 芥子色　からしいろ………85
112. 肥後煤竹　ひごすすたけ………87
113. 利休白茶　りきゅうしらちゃ………87
114. 灰汁色　あくいろ………87
115. 利休茶　りきゅうちゃ………89
116. 路考茶　ろこうちゃ………89
117. 菜種油色　なたねゆいろ………89
118. 鶯茶　うぐいすちゃ………91
119. 黄海松茶　きみるちゃ………91
120. 海松茶　みるちゃ………91
121. 刈安色　かりやすいろ………93
122. 菜の花色　なのはないろ………93
123. 黄蘗　きはだ………93
124. 蒸栗色　むしくりいろ………94
125. 青朽葉　あおくちば………94
126. 女郎花色　おみなえしいろ………95
127. 鶸茶　ひわちゃ………97
128. 鶸色　ひわいろ………97
129. 鶯色　うぐいすいろ………97
130. 柳茶　やなぎちゃ………99
131. 苔色　こけいろ………99
132. 麹塵　きくじん
青白橡　あおしろつるばみ………99
133. 璃寛茶　りかんちゃ………101
134. 藍媚茶　あいこびちゃ………101
135. 海松色　みるいろ………101
136. 千歳茶　せんさいちゃ………103
137. 梅幸茶　ばいこうちゃ
草柳　くさやなぎ………103
138. 鶸萌黄　ひわもえぎ………103
139. 柳染　やなぎぞめ………105
140. 裏柳　うらやなぎ
裏葉柳　うらはやなぎ………105
141. 岩井茶　いわいちゃ………105
142. 萌黄　もえぎ………107
143. 苗色　なえいろ
淡萌黄　うすもえぎ………107
144. 柳煤竹　やなぎすすたけ………107
145. 松葉色　まつばいろ………109
146. 青丹　あおに………109
147. 薄青　うすあお………109
148. 柳鼠　やなぎねずみ
豆がら茶　まめがらちゃ………111
149. 常磐色　ときわいろ………111
150. 若竹色　わかたけいろ………111
151. 千歳緑　ちとせみどり　せんさいみどり………112

152. 緑　みどり（古代一般名・青みどり）………112
153. 白緑　びゃくろく………113
154. 老竹色　おいたけいろ………115
155. 木賊色　とくさいろ………115
156. 御納戸茶　おなんどちゃ………115
157. 緑青　ろくしょう………117
158. 錆青磁　さびせいじ………117
159. 青竹色　あおたけいろ………117
160. ビロード………119
161. 虫襖　むしあお
虫青　むしあお………119
162. 藍海松茶　あいみるちゃ………119
163. 沈香茶　とのちゃ………121
164. 青緑　あおみどり………121
165. 青磁色　せいじいろ
秘色　ひそく………121
166. 鉄色　てついろ………123
167. 水浅葱　みずあさぎ………123
168. 青碧　せいへき………123
169. 錆鉄御納戸　さびてつおなんど………125
170. 高麗納戸　こうらいなんど………125
171. 白群　びゃくぐん………125
172. 御召茶　おめしちゃ………125
173. 瓶覗　かめのぞき
覗色　のぞきいろ………126
174. 深川鼠　ふかがわねずみ
湊鼠　みなとねずみ………126
175. 錆浅葱　さびあさぎ………127
176. 水色　みずいろ………127
177. 浅葱色　あさぎいろ………129
178. 御納戸色　おなんどいろ………129
179. 藍色　あいいろ………129
180. 新橋色　しんばしいろ
金春色　こんぱるいろ………129
181. 錆御納戸　さびおなんど………131
182. 鉄御納戸　てつおなんど………131
183. 花浅葱　はなあさぎ………131
184. 藍鼠　あいねずみ………131
185. 舛花色　ますはないろ………132
186. 空色　そらいろ………132
187. 熨斗目花色　のしめはないろ………133
188. 千草色　ちぐさいろ………133
189. 御召御納戸　おめしおなんど………135
190. 縹　はなだ　花田　はなだ………135
191. 勿忘草色　わすれなぐさいろ………135
192. 群青色　ぐんじょういろ………135
193. 露草色　つゆくさいろ………137
194. 黒橡　くろつるばみ………137
195. 紺　こん………137
196. 褐色　かちいろ　かちんいろ………137
197. 瑠璃色　るりいろ………139
198. 瑠璃紺　るりこん………139
199. 紅碧　べにみどり
紅掛空色　べにかけそらいろ………139
200. 藤鼠　ふじねずみ………139

201. 鉄紺色 てつこんいろ………141
202. 紺青色 こんじょういろ………141
203. 紅掛花色 べにかけはないろ………141
204. 紺桔梗 こんききょう………141
205. 藤色 ふじいろ………143
206. 二藍 ふたあい………143
207. 楝色 おうちいろ………143
208. 藤紫 ふじむらさき………143
209. 桔梗色 ききょういろ………145
210. 紫苑色 しおんいろ………145
211. 滅紫 めっし けしむらさき………145
212. 薄色 うすいろ………145
213. 半色 はしたいろ………146
214. 江戸紫 えどむらさき………146
215. 紫紺 しこん………147
216. 深紫 こきむらさき ふかむらさき………147
217. 菫色 すみれいろ………148
218. 紫 むらさき………148
219. 菖蒲色 あやめいろ………149
220. 藤煤竹 ふじすすたけ………149
221. 紅藤 べにふじ………151
222. 黒紅 くろべに
黒紅梅 くろこうばい………151
223. 茄子紺 なすこん………151
224. 葡萄鼠 ぶどうねずみ えびねずみ………151
225. 鳩羽鼠 はとばねずみ………153
226. 杜若 かきつばた
江戸紫 えどむらさき………153
227. 葡萄 えびぞめ………153
228. 牡丹 ぼうたん ぼたん………153
229. 梅紫 うめむらさき………155
230. 似紫 にせむらさき………155
231. 躑躅色 つつじいろ………155
232. 紫鳶 むらさきとび………155
233. 白練 しろねり………157
234. 胡粉 ごふん………157
235. 白鼠 しろねずみ
銀色 しろがねいろ………157
236. 銀鼠 ぎんねずみ
錫色 すずいろ………157
237. 鉛色 なまりいろ………159
238. 灰色 はいいろ………159
239. 素鼠 すねずみ………159
240. 利休鼠 りきゅうねずみ………159
241. 鈍色 にびいろ………161
242. 青鈍 あおにび………161
243. 丼鼠 どぶねずみ
溝鼠 どぶねずみ………161
244. 紅消鼠 べにけしねずみ………161
245. 藍墨茶 あいすみちゃ………162
246. 檳榔子染 びんろうじぞめ………162
247. 消炭色 けしずみいろ………163
248. 墨色 すみいろ
墨染 すみぞめ………163
249. 黒色 くろいろ………164
250. 呂色 蠟色 ろいろ………164

日本の伝統色　解説
Explanation

色彩索引
Color Index……… 166

色彩解説
Understanding Color……… 177

和洋色名一覧
Japanese Color Names……… 179

色名索引
Color Names Index……… 183

参考文献
Bibliography……… 189

写真図版一覧
Illustrations……… 190

凡例

○本書は日本の伝統色のうち代表的な250色を選び、写真、色見本とその色名に関する解説文を附した。
○色名の掲載順はマンセルシステムに基づいて、色相順に、同色相では高明度の方から、同色相・同明度では高彩度の方から順に配列した。
○掲載写真は、色名に対応する内容写真で構成しているが、あくまでもその色名に近い色であって、写真の色がその色見本と同一の色名であることを示すものではない。
○各色名のマンセル値・CMYK値・RGB値のデータについては巻末に「色彩索引」として掲載した。
○写真のキャプションとクレジットは巻末に「写真図版一覧」として掲載した。

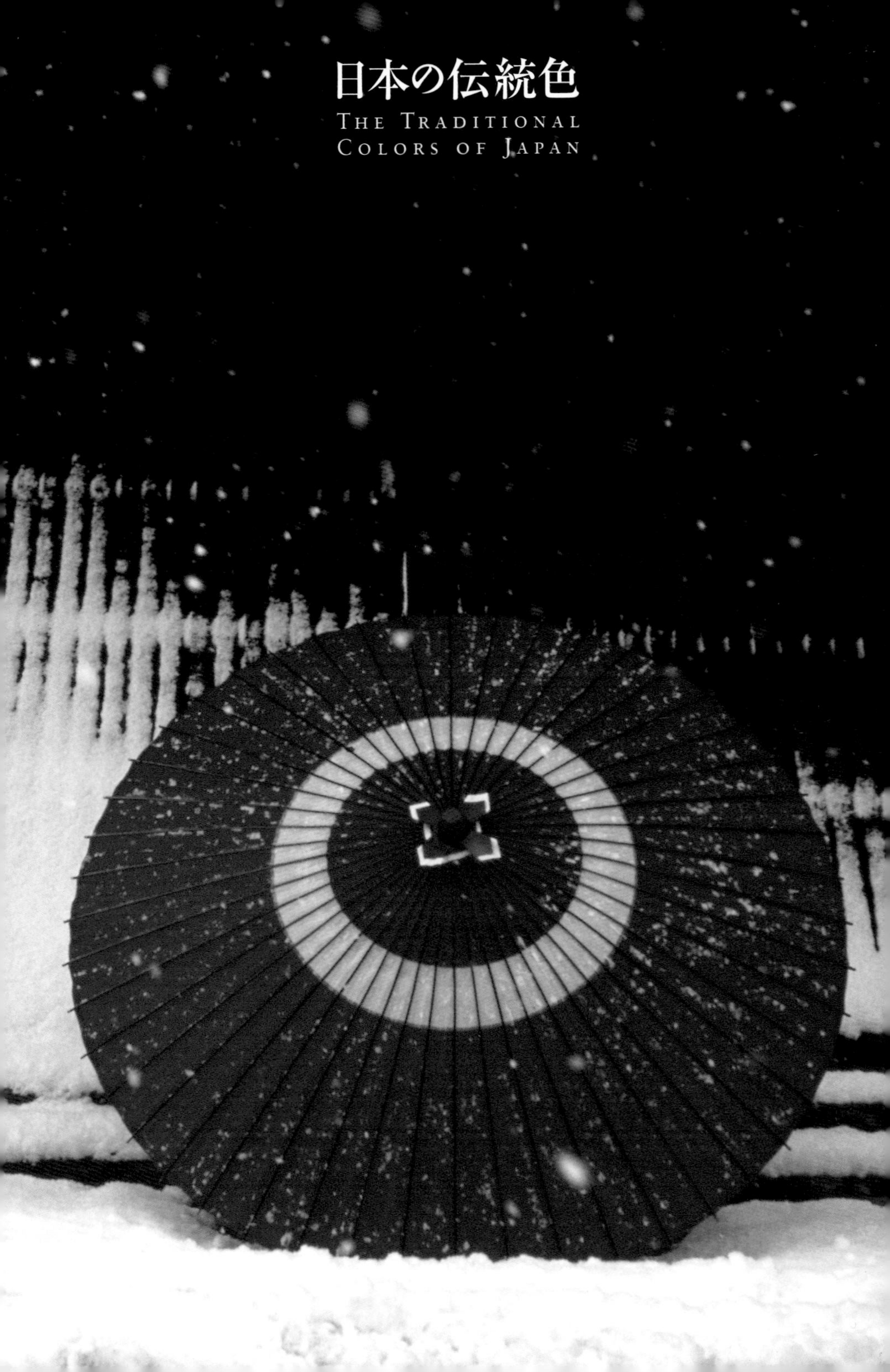

日本の伝統色
THE TRADITIONAL COLORS OF JAPAN

1. 撫子色 なでしこいろ

Pink: The vivid pink of Dianthus chinensis flowers.

桜や薄紅と同じく淡い紅染による色名で、ピンク系統の色の中では少し紫みのものをいう。撫子はナデシコ科の多年草で、河原(かわら)撫子が一般的で、単に撫子と呼ばれ、秋の七草の一つである。撫子は平安時代の襲(かさね)の色目(いろめ)にもなっており、若者の色とされる。青系統と赤系統があり、青系統は表を紫の薄色、裏を青または紅梅とし、多くは男子の襲。赤系統は表を紅梅、裏を赤または青とし、女子の襲に多い。

2. 紅梅色 こうばいいろ

Orchid Pink: The purplish pink of orchids.

早春に芳香ある五弁花をつける紅梅の花の色からきた色名で、かすかに紫みを含む淡い紅色をいう。紀貫之(きのつらゆき)が『古今和歌集』の仮名序で、「むめをかざすよりはじめて、ほととぎすをきき、もみぢををり、雪を見るにいたるまで」と書いたように、梅の花は日本の春を告げる花として知られ、王朝文学にも「紅梅色」は美しい色の代表としてしばしば登場する。襲の色目の名称でも、やや薄い紅梅色なら、「薄(うす)紅梅」、「一重梅(ひとえうめ)」、色が濃くなると、「莟紅梅(つぼみこうばい)」、「梅重(うめがさね)」と呼ばれる。

3. 蘇芳 すおう

Raspberry Red: The rich purplish red of raspberries.

蘇芳は、ビルマ、インド、マレー半島などに生育する熱帯地方原産のマメ科の落葉小高木。その樹木の芯には赤色の色素が含まれており、媒染剤(ばいせんざい)に明礬(みょうばん)を使うと赤、椿や柃(ひさかき)の灰汁(あく)を使うと紫みの赤に染まる。蘇芳は日本では生育しないので、中国を経て、奈良時代には伝わっており、薬材や染料として利用された。蘇芳は紅花(べにばな)や茜(あかね)の代用として赤系や紫系の染色にも用いられたため、蘇芳で染めた染色は「似紅(にせべに)」、「似紫(にせむらさき)」と呼ばれた。

4. 退紅 たいこう

Old Rose: A soft, light red; a washed-out vermilion.

下染の黄が残っている褪(あ)せた紅染の色で、「桜色」と「一斤染(いっこんぞめ)」の中間の淡い紅色をいう。『延喜式(えんぎしき)・縫殿寮(ぬいどのりょう)』(『延喜式』の「縫殿寮雑染(ぬいどのりょうざっせん)用度(ようど) 注1」の略。10世紀初めに編纂)には、「紅花(こうか)小八両、酢(す)一合、藁(わら)半囲、薪(まき)三十斤」により染め出される色と書かれている。平安時代では雑用のために諸国から徴集された仕丁(してい)、雑役(ざつえき)の服色とされ、また下官(げかん)の者の狩衣(かりぎぬ)などにも用いられた。

5. 一斤染 いっこんぞめ

Baby Pink: A soft pink.

紅花(べにばな)で染めた淡紅色で平安時代からある色名。大量の紅花で染める紅染は高価であったため、一般の人々には着用が禁じられた禁色(きんじき)となっていた。禁色はこの色のほかに、「黄櫨染(こうろぜん)」、「青白橡(あおしろつるばみ)」、「赤白橡(あかしろつるばみ)」、「黄丹(おうに)」がある。1疋(ぴき)(2反)の絹布を染めるのに、わずか1斤(きん)(約600グラム)の紅花を使う淡い紅色だけが許されてこのような色名がある。

6. 桑染 くわぞめ　桑の実色 くわのみいろ

Mulberry: The dark reddish-purple of ripe mulberries.

熟しきった桑の実の色からきた色名で、上代の「桑染」はこの暗い赤紫色をいう。桑はクワ科クワ属の落葉高木、果実は紫黒色に熟し甘味がある。葉は蚕(かいこ)の飼料、実は食用、根の皮は薬方薬、樹皮は染料と残すところなく利用された。『装束色彙(しょうぞくしきい) 注2』(安永7年・1778)に「当世桑染ト称スルハ、桑子ノ色ニテ赤黒也……」とあるように、桑染を後には「桑の実色」と呼ぶようになった。

注1.『縫殿寮雑染用度』(ぬいどのりょうざっせんようど)
『延萓式』(延喜5年・907 編纂開始、延長5年・927 完成)の律令の施行細則の一つで、中務省縫殿寮に関する律令の中で染色の材料用度を示したもの。当時は染色はすべて植物による草木染めで、階位によって定められた服色があり、それを染めるための材料の数量がきっちりと示されていた。

注2.『装束色彙』(しょうぞくしきい)
荷田在満が諸書より装束の色目に関する文献を集めたもので、染色の種類によって分類し、その色名ごとに用いられる装束を解説したもの。安永7年(1778)伊勢貞丈冠註。

7. 桃色 ももいろ

Fuchsia Pink: The pink of fuchsia flowers.
Fuchsia are flowering deciduous shrubs better known for their purple petals (“fuchsia purple”).

4〜5月頃、葉の開く前に美しく咲く桃の花のような、淡い紅花染の色をいう。桃はバラ科モモ亜属の落葉低木で、原産地は中国の黄河上流の高原地帯といわれる。『日本書紀』にも「桃染布（つきそめのぬの）」という言葉があり、また『万葉集』（巻十二）に「桃花褐（つきそめ）の浅らの衣（ころも）浅らかに思ひて妹に逢はむものかも」と詠まれ、万葉の時代から用いられた古い色名である。古代の色名では桃を「つき」と読んでいた。

8. 苺色 いちごいろ

Strawberry: The rich red of strawberries.

初夏に色づく苺の実のような、少し紫みをおびた赤色をいう。今日、苺といっているのは江戸時代に渡来したオランダイチゴのことで、それ以前には木苺（きいちご）をさしていた。キリスト教では聖母マリアがこの果物を大変好んだといわれ、彼女に捧げられるようになり、マリアの衣服には苺の模様が縫いつけられていることが多い。

9. 薄紅 うすべに

Rose Pink: The pale vermillion of classic pink roses.

「中紅（なかべに）」よりさらに淡く、「紅梅色」より少し淡い紅花染をいう。下染に使う鬱金（うこん）の濃さが同じで、紅花の濃さが中紅と差があることから、全体に黄みがちで温かみのある色である。

10. 今様色 いまようい ろ

Signal Red: A deep red.

「今様色」は「今流行りの色」という意味で、「今」とは平安時代のこと。紅花で染めた赤色が、当時の王朝の女性にいかに好まれたかがわかる。『源氏物語』に「紅梅のいと紋浮きたる葡萄染の御小袿、今様色のいとすぐれたる……」と書かれており、物語の内容からすると、今様色は薄紅の一斤染より濃い、禁色に入るほどの色相と思われる。

11. 中紅 なかべに

Cherry Pink: Despite the name, this hue is not the actual color of cherries a pink with a hint of purple.

紅花で染めた紅色の標準的な色をいう。紅花は染料として用いられるほか、口紅などの化粧料、漢方薬としても用いられる。紅花による紅染は退色しやすいので、あらかじめ鬱金や黄蘗などの黄色系の染料で下染した後に染色された。この下染の黄が残っている紅に「退紅」がある。紅染の淡色の系統には「一斤染」、「桃色」、「薄紅」などがあり、中色として「中紅」、濃い色は「暗紅色」と呼ばれている。

12. 桜色 さくらいろ

Cherry Blossom: The pink of cherry blossoms, the Japanese national flower. Cherry trees (Prunus spp.) are a member of the Rosaceae.

桜の花のようなほんのりと色づいた淡い紅色をいう。『延喜式・縫殿寮』の「退紅」よりもさらに淡く、紅染のもっとも淡い色である。紅花で濃く染めるには大量の紅花が必要で、庶民にはそうした贅沢は許されなかった。そこで少量の紅花で染められる桜色は好まれた色であった。『古今和歌集』に「桜色に衣は深く染めて着む花の散りなむ後の形見に」という紀有朋の歌があり、色名としては古くから使われている。

13. 梅鼠 うめねずみ

Rose Gray: Gray with a hint of rose red.

紅梅の花のような赤みのある鼠色をいう。梅は紅梅の花の色からきた赤みの色の形容に用いられる。梅はまた梅染の色からきた形容としても用いられる場合もあり、その場合には梅染にちなむ赤茶みの鼠ということになる。梅はその特産地の名にちなみ、豊後（ぶんご）の別名があり、「梅鼠」のことを「豊後鼠」とも呼ぶ。

14. 韓紅花 からくれない　深紅 こきくれない

Rose Red: The familiar red of roses.

紅花（べにばな）による濃染で鮮やかな紅赤色をいう。紅花は小アジアやエジプト周辺が原産地とされるキク科の植物で、夏に黄赤色の花が咲く。この染料が日本に渡ってきたということを伝える「呉藍（くれあい）」という言葉があり、呉（ご）の国の渡来の染料という約語が「紅（くれない）」という色名になった。そして舶来の意味と色の美しさから「韓紅花」ともいわれるようになった。10世紀に編纂された『延喜式（えんぎしき）・縫殿寮（ぬいどのりょう）』には韓紅花を染め上げるのに要する紅花の量や原料の記載がある。当時の紅花は金に匹敵するほど高価なもので、濃く深く染められた韓紅花は憧れの色であった。

15. 臙脂色 えんじいろ

Crimson: A deep red originally derived from the cochineal insect. While the word “crimson” has the same root as “carmine”, crimson is a deeper, darker red.

臙脂は動物性染料のケルメスやコチニールで染めた濃い赤色をいうが、植物性染料の紅花、蘇芳（すおう）、茜（あかね）なども用いられ、いまでは赤の濃色を「臙脂色」という。コチニールは中南米のサボテンに寄生する貝殻虫（かいがらむし）の雌を乾燥させて採取する。450グラムの染料のために約7万匹の虫が必要になる。コチニールで染色された鮮やかな紅を英語の色名ではクリムソンやカーマインと呼ぶ。

16. 紅 くれない　べに

Garmine: A bright red originally derived from the cochineal insect.

「紅」は紅花(べにばな)から抽出した紅色素（カーサミン）で染めた、鮮やかな赤色をいう。紅花はエジプト原産のアザミに似たキク科の植物で、4～5世紀頃、中国を経てわが国に伝えられた。それまでの赤色系統の色は、茜(あかね)で染めた黄みをおびたものだったが、紅花が伝えられると、やわらかい色調が日本人の心を捉え、紅花で染めた紅色が流行した。『万葉集』にも「紅の薄染衣(うすぞめごろも)浅らかに相見し人に恋ふる頃かも」など、紅を詠み込んだ歌が多い。

17. 鴇羽色 ときはいろ　鴇色 ときいろ

Pink: The color of fringed pinks,
also known as Dianthus or pink carnations.

鴇は特別天然記念物に指定された国際保護鳥であり、日本産の鴇は絶滅したが、現在では中国から贈られたものがわずかに保護されている。顔の皮膚が裸出した部分と脚は赤く、後頭に白くて長い冠羽がある。羽毛は純白で風切羽(かざきりばね)や尾羽の一部が色名になったピンク色の美しい淡紅色で、飛ぶ姿にその美しい色が見られる。平安時代には鴇の異名「桃花鳥(つき)」と呼ばれており、「鴇色」となったのは江戸時代からである。鴇色は他に、「本鴇色(ほんときいろ)」、「乙女色(おとめいろ)」などとも呼ばれている。

18. 長春色 ちょうしゅんいろ

Old Rose: A faded rose red.

灰色がかった薄い紅色をいう。「長春色」は日本の伝統色といっても、色も名も中国渡来である。四季咲きの花を「長春」というが、中国原産の庚申薔薇（こうしんばら）の漢名を長春花といい、その花の色からとられた色名が長春色である。英語の色名はオールド・ローズ。オールドはややくすんだ鈍い色調を表わす。大正の初め頃からその落ちついた色が好まれ、女性向きの色として流行した。

19. 深緋 こきあけ　黒緋 くろあけ

Chocolate Brown: A deep, rich brown.

茜に紫根を加えて黒紫みをもたせた濃い緋をいう。『延喜式・縫殿寮』では緋を深・浅に分けており、その濃い方が深緋である。推古天皇11年（603）に、はじめて十二階の冠位の色が制定され、以後衣服令はたびたび変化を重ねてきたものの、常に上位の色が濃く、次位の色は薄くなっている。平安時代の頃までは、皇太子の「黄丹」に次いで、親王、諸王、諸臣の一位は、「深紫」、二位、三位は「浅紫」、四位が「深緋」、五位が「浅緋」というように濃い色の方が上位にきている。

20. 桜鼠 さくらねずみ

Silver Pink: Pink with a hint of silver.

淡い紅色が灰色みをおび、わずかにくすんだ薄い桜色をいう。江戸中期頃の『吉井藤吉染見本帳』や後期の色見本帳に「桜鼠」の色名がたびたび見られる。色名としては灰桜も同じに用いられるが、語源からすると「灰桜」は灰みの桜色、「桜鼠」は桜色を帯びた鼠色ということになる。花の名前に「鼠」がつく色名は「梅鼠」や「藤鼠」があり、江戸初期頃から鼠系統の色が多く使われるようになった。

21. 甚三紅 じんざもみ

French Rose: A bright crimson.

黄みを含んだ紅色で、濃くもなく薄くもない程度の紅赤色をいう。『本朝世事談綺 注3』に「承応の頃、京、長者町桔梗屋甚三郎といふもの、茜を以て紅梅にひとしき色を染出す」とあり、甚三郎なる人物が蘇芳（茜とする説もある）を使って染め出した色名であるという。甚三紅の紅色は本紅に対して安価なものだったので禁制されず、庶民に愛好された色である。

注3.『本朝世事談綺』（ほんちょうせじだんき）
江戸時代に使われた庶民の日常の器物などの起原を解説し、また図でも表わしている事物の起源事典ともいうべきもの。菊岡沾涼著。享保19年（1734）刊。

22. 小豆色 あずきいろ

Russet Brown: A deep reddish brown.

赤小豆の実のような紫みのくすんだ紅赤色をいう。小豆は『古事記』にもその名が見られるが、色名として用いられるのは江戸時代になってからといわれる。明治から大正にかけて、着物の表などに多く使われた。小豆色がかった茶色と鼠をそれぞれ「小豆茶」、「小豆鼠」と呼ぶ色名もある。小豆茶は染物技法書『傳書(でんしょ) 注4』(江戸後期)に記載があり、小豆鼠は『吉井藤吉染見本帳』(江戸中期)に紹介されている。

23. 蘇芳香 すおうこう

Corinth Pink: A reddish-brown used on ancient Greek pottery from Corinth.

ややくすみ気味の紅みの褐色をいう。「香」の名前がつくように、香りのよい丁子(ちょうじ)で染めた香色(こういろ)をまねたものである。本来の香染は丁子で染められたが、材料が高価なために支子(くちなし)と紅花(べにばな)の代用香染であった。「蘇芳香」は紅花の代わりに蘇芳を用い、また黄色を加えて褐色がからせた染めである。

24. 赤紅 あかべに

Geranium: The strong red of geraniums, flowering perennials in the geraniaceae family.

華やかな紅赤色をいう。江戸初期から愛用された染色で、『御ひいなかた』（寛文6年・1666）の小袖の地色にも使われている。特にその鹿の子染は天和～貞享年間（1681～88）の頃大流行になった。その当時は「赤紅」の他に緋綸子や紅鹿の子地の小袖が愛好された。このようにこの時代は赤や紅色に人気があったが、それらの染色には紅花のほか、蘇芳を用いる代用紅染めが盛んに行われた。

注4.『傳書』（でんしょ）
金子伝作が大河内平作に伝授した染織技法の虎の巻。文政12年（1815）写。

25. 真朱 しんしゅ

Cardinal: A vivid red, named for the color of the cassocks worn by cardinals of the Roman Catholic Church.

朱は天然に産する朱砂(しゅさ)と呼ばれる赤色顔料で、中国の湖南省辰州(しんしゅう)産のものがきわめて質がよく、天然朱のことを一般に「辰砂(しんしゃ)」というようになった。また「朱丹(しゅたん)」の別名もある。『万葉集』には「真金(まかね)吹く丹生(にふ)の真朱(まそほ)の色に出て言はなくのみそ吾(あ)が恋ふらくは」(巻第十四)と詠まれており、赤土の「赭(そほに)」に対して、「真朱(まそほ)」と呼ばれていた。天然産の朱は上質なものほど赤みが多いとされていたが、「朱」(バーミリオン)や「銀朱」に比べれば、よりくすんだ淡い黄みの赤である。

26. 灰桜色 はいざくらいろ

Silver Pink: Pink with a hint of silver.

桜の花びらのようなはんなりした淡紅色に、灰みがかった明るい色をいう。鼠系統の色の中ではもっとも明るく、あたたかみがある。「灰桜色」は晴れやかながらも地味な色調で、上流階級の娘たちに好まれた。あたかも篝火(かがりび)に映える夜桜の色である。色名として「桜鼠」も同じに用いられるが、語源からすると「灰桜」というと灰みを含んだ桜色。「桜鼠」というと桜色をおびた鼠色ということになる。

27. 栗梅 くりうめ

Dark Cardinal: A dark reddish brown.

梅がつく色名は紅梅からきた赤みの形容として用いられ、栗梅は赤みをおびた濃い栗皮色をいう。梅の幹を刻んだものを染料に、明礬(みょうばん)で発色させてさらに濃い色とする。栗梅は江戸の元文(1736〜40)の頃の小袖の色に、また明和(1764〜72)の頃の麻裃(あさかみしも)の色として流行したといわれている。

明治二十一年略暦
大
小

28. 海老茶 えびちゃ

Garnet: The dark red of garnets.

「海老茶」は「葡萄色」からできた色名で、葡萄葛（山葡萄）の実が熟して赤紫色になり、その赤紫に茶を加えた色をいう。近世になって山葡萄の実の色より身近な色だった伊勢海老の色を「海老茶」と呼ぶようになった。この海老茶は明治中頃から女学生や女教師たちが身につけた袴の色で、当時は女官や神に使える巫女の緋袴以外に袴をつける風俗はなかったので、彼女らのことを人々は「海老茶式部」と呼び、平安の女才紫式部にかけてひやかした。

29. 銀朱 ぎんしゅ

Blood Red: A pure, clear red.

天然に産する「真朱」に対して、「銀朱」は水銀を使って人工的につくられた朱のことである。天然に産する朱も、成分は同じ硫化水銀だが、製法としては、水銀と硫黄を混ぜ、これを昇華させてつくる。色は天然朱より鮮やかである。明治以後になるとアンチモニーを用いてつくられるようになり、鮮やかな現代の朱色が出せるようになった。顔料の銀朱の色のような強い黄みの深い赤色をいう。

30. 黒鳶 くろとび

Woodland Brown: The deep brown of a woodland floor.

鳶色をさらに暗くしたような色をいう。江戸前期から行われた染色で、当時の流行小袖の雛形本などの地色に見られる。その染色は『諸色染手鑑 注5』（安永5年・1776）や『手鑑模様節用 注6』などの色譜に現れている。越智為久の随筆『反古染 注7』（宝暦3年～寛政元年・1753～89）によると、「黒鳶」は享保（1716～35）の頃、黒や黒媚茶と共に小袖に流行し、安永（1772～80）の頃には帯に流行したとのことである。

注5.『諸色染手鑑』（しょしょくそめてかがみ）
武藤某書。染布を付した色見本書。50種の茶系統の色を紹介している。安永5年（1776）刊。

注6.『手鑑模様節用』（てかがみもようせつよう）
着物の柄や色に関する生活便覧とでもいうような江戸後期の小冊子。その真中あたりに「新古染色考説附色譜」という和紙に木版刷の色見本、それに色名やその由来を掲載した個所がある。

注7.『反古染』（ほごぞめ）
越智為久の随筆で、享保中期から天明までの染色、紋章、衣服に関する事柄を考証したもの。宝暦3～寛政元年（1753～89）。

31. 紅鳶 べにとび

Pompeian Red: A reddish-brown reminiscent of the houses of Pompeii.

濃い赤褐色で、鳶色の赤みがかった色をいう。江戸中期、天明（1781～89）の頃は、「鳶色」をはじめ、「紺鳶」、「紫鳶」、「藍鳶」、「黒鳶」など、鳶色を基調とした多くの色が男子の間で流行し現れた。鳶はワシタカ科の小型の猛禽類で、トンビとも呼ばれ、両翼を広げて輪を描いて飛ぶ姿は、人里でもよく見かける。

32. 曙色 あけぼのいろ

Salmon Pink: The bright pink of salmon.

夜明けの頃を曙といい、明け方の空の色のような浅い黄赤色をいう。その情景からきた色名であり、「東雲色」も同じに用いられる。その黄みを帯びたピンク系の色としては鮭の肉の色からきた「鮭色」も同系統の色である。曙染は曙の空のように、上部を紅、または紫にして、裾を白めにぼかした染色をいう。

33. 紅樺 べにかば

Amber red: Red with a hint of orange.

赤みをおびた樺色のことで、茶色がかった橙色をいう。『手鑑模様節用』に「紅かば。一名紅かうじ俗に紅うこんと云。又和名に朱さくらといふうす紅の黄はみたる也」と書かれていることから、紅鬱金に似た明るい色を表わす。樺色は樺の木の樹皮の色、また蒲の穂の色に由来することから、本来の紅樺は、それの紅がかった深い紅色と思われる。

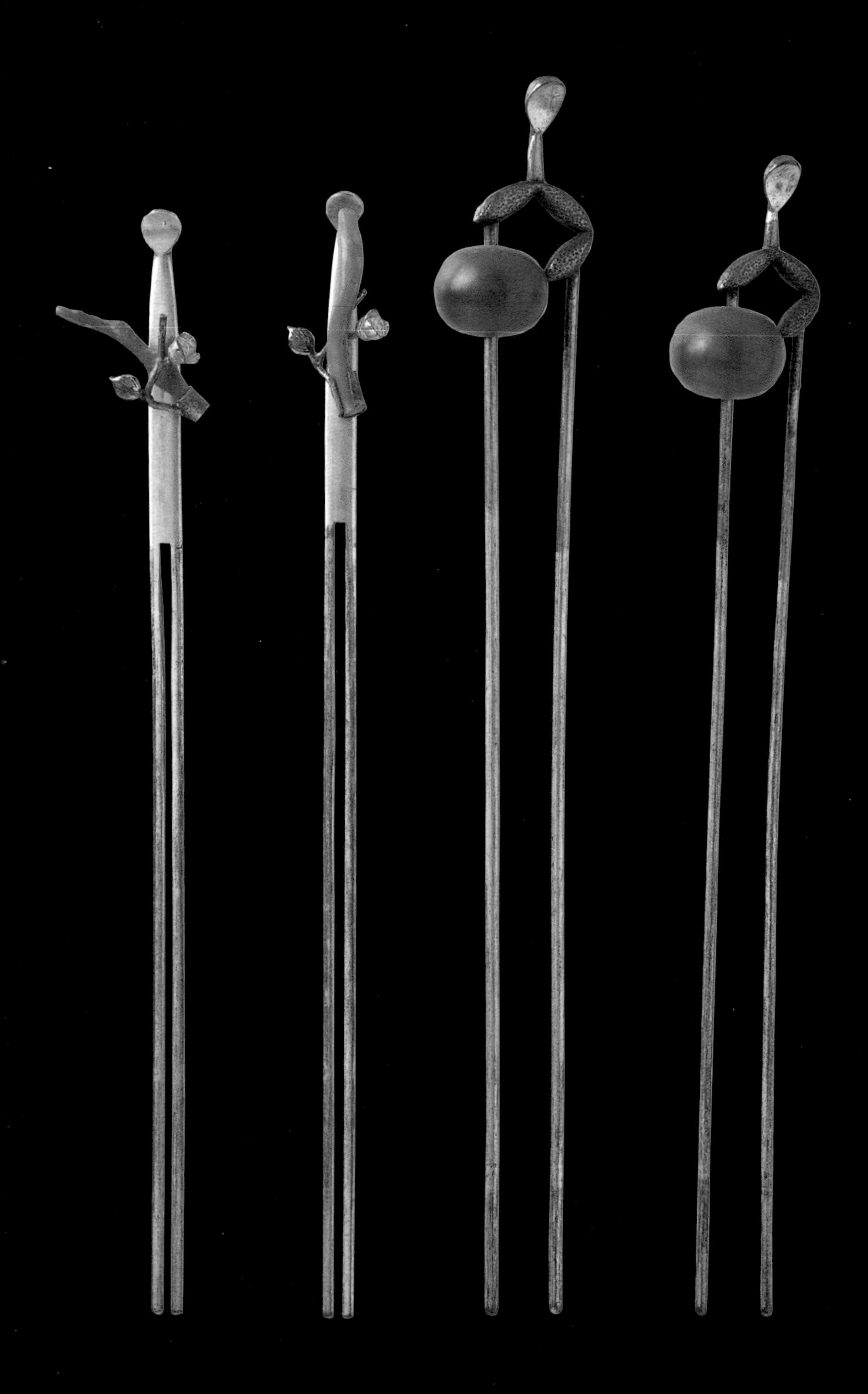

34. 水がき みずがき　とき浅葱 ときあさぎ

Ash Ros: A pale rose with a hint of ash gray.

長春色よりさらに薄く、灰色みのある紅色をいう。また鴇色(ときいろ)（やや紫みのある淡桃色）がかった浅葱色(あさぎいろ)（淡い藍色）の意味と思われる。「水がき」は「水柿」、「とき浅葱」は「鴇浅葱」が本字であろう。江戸時代では柿渋と弁柄(べんがら)で染めた柿渋色も「柿(かき)」と呼んでいるから、水柿の柿は『手鑑模様節用(てかがみもようせつよう)』の色譜から見て柿渋色のことと思われる。

35. 珊瑚朱色 さんごしゅいろ

Coral Pink: The characteristic pink of coral.

磨かれた珊瑚のような鮮やかな赤橙色をいう。この珊瑚を粉末にした顔料は、中国では絵具に使われ日本にも伝来した。古くから用いられている色名だが、英語の色名「コーラル・ピンク」もギリシャ語に由来する古い色名で、ともに現代でも広く使われている。珊瑚は古くから装飾品として用いられ、特に赤いものが珍重された。日本人の黒髪には珊瑚の赤がよく映えるので、髪飾り、特に簪(かんざし)に多く用いられた。

36. 紅檜皮 べにひわだ

Oxblood Red: A rich reddish brown.

赤みの強い檜皮色をいう。紅鳶と同系統であるが、「紅檜皮」の方が紅色を濃くしていることから、その色調は紅鳶よりやや褐色みが濃くなっている。檜皮は、檜(ひのき)、杉(すぎ)、椹(さわら)などの樹皮のことで、古くはこの樹皮で屋根を葺(ふ)いた。檜皮色は赤褐色をいい、色名としては古くから使われている。

中村芝翫
中村いてう
國貞画
吉伊勢兼
彫長

37. 猩猩緋 しょうじょうひ

Poppy Red: While poppies may have white, yellow, or purple flowers, the color refers to flowers of a strong red with a hint of orange.

鮮やかな濃い深紅色をいう。能の『猩猩』では猩猩（猿に似た伝説上の霊獣）が赤毛装束をつけて登場するが、その赤毛、赤面、赤装束からの連想でつけられた色名である。室町時代の末期、この色で染められた毛織物の羅紗が南蛮船で運ばれてきた。染料はコチニールといい、てんとう虫に似た、コチニールという昆虫の雌を乾燥して粉末にしたもので、その鮮やかで刺激的な赤の毛織物を戦国大名たちが買い入れ、陣羽織などにして身にまとった。

38. 鉛丹色 えんたんいろ

Red Lead: A bright reddish-orange, named for the pigment red lead or minium.

酸化鉛の鮮やかな橙色をいう。丹は「赤い土」の意味で、古代から使われていた顔料である。ほかに、酸化鉄、硫化水銀などがあり、どれもみな「丹」と呼んでいた。鉛丹は、赤という色が崇められていたこともあり、錆止めや腐敗防止の働きもあることから、神寺仏閣をはじめ建物などの下塗りに用いられる。

39. 芝翫茶 しかんちゃ

Copper Rose: Rose red with a hint of copper.

江戸後期、大坂で人気のあった歌舞伎役者、三世中村歌右衛門（俳名・芝翫・1778〜1838）が好んで用いた茶色で、やわらかい赤みがかった茶色をいう。『守貞漫稿』（天保8〜嘉永6年・1837〜53）によれば「又京坂にて芝翫璃寛茶市紅茶、江戸の路考茶梅幸茶等は、文化文政天保頃の芝居俳優の名にて当時行れ婦女の用たる由を聞く」とあり、文化・文政・天保（1804〜43）にかけて京・大坂で「芝翫茶」、「璃寛茶」、「市紅茶」が、また江戸では「路考茶」、「梅幸茶」が流行したとのことである。

40. 檜皮色 ひわだいろ

Mahogany: The deep reddish-brown of mahogany wood.

檜皮そのもので染めた赤みの濃い茶色で、檜の樹皮の色からついた色名である。平安時代にできた色名で、『源氏物語』に「袴(はかま)も檜皮色にならひたるにや、光も見えず黒きを着せたてまつりたれば」と出てくる。これは浮舟(うきふね)の服装だが、本来なら紅の袴を着用するところを、尼の姿にさせられたという場面である。この色が使われだしたのは質実剛健を旨とし、張りのある色感を好んだ戦国武士によってである。

41. 柿渋色 かきしぶいろ　柿色 かきいろ

Brick Dust: A dull brick red.

渋柿の実がまだ青いうちに採り、それを砕いて液にした柿渋や弁柄(べんがら)で染めたにぶい黄赤色をいう。柿渋に弁柄を加えた顔料は、木材の装飾用に用いられ、その代表的な例に弁柄塀や黒板塀(くろいたべい)がある。このように塗料として使われた柿渋は塗ってから日がたつにつれて黒みが増した。ほかに柿色が用いられている例として、柿色木綿、柿色手拭(てぬぐい)などがあるが、いずれも顔料染の「柿渋色」で、後の柿色の代表的な色である。

42. 緋 あけ

Scarlet: A vivid red with a hint of yellow.

茜(あかね)と灰汁(あく)で染めた黄みのある濃い赤色をいう。「緋」は目の覚めるような鮮やかな赤をさす色名で、「火色(ひいろ)」と書かれた場合もある。江戸時代には支子(くちなし)の黄色で下染し、その上に蘇芳(すおう)で赤を染め、鮮やかな緋色に仕上げた。緋は時代によっていろいろあり、中世の鎧(よろい)の緋縅(ひおどし)、戦国武将が羅紗(らしゃ)の陣羽織に愛用した猩猩緋(しょうじょうひ)、歌舞伎舞台の緋毛氈(ひもうせん)、緋の房、緋鹿(ひが)の子(こ)など、古代の緋とはだんだん似て非なるものとなっていったのである。

43. 鳶色 とびいろ

Auburn Brown: A red-brown color.

鳶の羽の色からきた色名で、戦国時代から武士の狩衣などに用いられた。江戸から明治にかけては、鳶が日常的に見られることもあって、茶色の慣用色名になった。八丈島特産の織物に鳶八丈というものがある。これは「鳶色」を主に黄と黒を配した縞柄の織物である。黄八丈の粋好みに対して縦縞の鳶八丈は渋好みとして流行した。天明の頃にはこの鳶色を基調とした。「紅鳶」、「黒鳶」、「紫鳶」といった色も現れた。

44. 紅緋 べにひ

Tomato Red: The color of a ripe tomato.

鮮やかな緋色に使われている色名で、紅染による紅花と、鬱金、黄蘗、支子などの黄色染料によって冴えた黄みのある赤をいう。茜を灰汁媒染で染めた本来の緋（本緋）に対して、より赤みのある色である。「緋」は古くは茜染の赤を指して「あけ」と呼ばれたが、その後、茜の代わりに支子の黄色を下染に、明礬媒染の蘇芳の赤を重ねて染められ、これが「ひ」と呼ばれるようになった。女官の緋の袴として知られる色である。

45. 栗皮茶 くりかわちゃ　栗皮色 くりかわいろ

Chestnut: The reddish brown of chestnuts.

茶系の代表的な色名で、栗の実からきた黒みがかった赤褐色をいう。赤みの茶には昔から栗の皮からとられた色名が使われてきた。赤茶色の毛並みをもった馬を栗毛というのは、中世の軍記物語の慣習である。『守貞漫稿 注8』（天保8〜嘉永6年・1837〜53）に「栗皮茶は弘化中女帯に江戸にて用ひし」などと書かれ、江戸後期にはよく女帯に使われていたことがうかがわれる。

注8.『守貞謾稿』（もりさだまんこう）
江戸時代の風俗、事物を解説した風俗事典。喜田川守貞編。起稿が天保8年（1837）で、約30年間書き続けて全30巻（「前集」30巻、「後巻」5巻）をなした。1600点に及ぶ付図と解説によって、近世風俗史の基本文献とされる。

46. 弁柄色 べんがらいろ

Copper Brown: A rich coppery brown.

インド東部のベンガル地方から伝えられたという、赤みの強い褐色をいう。赤みの強い茶色の顔料は、代赭色(たいしゃいろ)と同じように鉄分の多い土を焼いてつくる。東インドの酸化鉄粘土は、インディアン・レッドとして、昔から世界的に知られていたが、南蛮貿易によって日本にもその顔料や製法が伝えられた。江戸時代には、弁柄に柿渋を加えた顔料が、建築用や柿色の顔料染としても広く用いられた。

47. 照柿 てりがき

Burnt Orange: A deep orange.

「照柿」は熟した柿の表皮の色で、濃い赤みがかった橙色(だいだいいろ)をいう。柿のつく色名は、「洗柿(あらいがき)」、「洒落柿(しゃれがき)」、「晒柿(さらしがき)」、「近衛柿(このえがき)」などがあるが、どれも柿の実の色からきている。照柿の色は『手鑑模様節用(てかがみもようせつよう)』の色譜に「照柿。丹土(にど)染・古名くちばいろ。此いろに薄藍を兼ねたる柑子(かうじ)いろ又萱草色ともいう」と書かれている。古代の朽葉色に当てており、この色に薄藍をかけると「柑子色(こうじいろ)」や「萱草色(かんぞういろ)」になるという。

48. 江戸茶 えどちゃ

Garnet Brown: A reddish brown.

江戸時代前期の流行色で、江戸好みの茶色という意味で「江戸茶」という色名がついた。楊梅(やまもも)で染めた茶色に、蘇芳を上がけした明るい赤みの茶色である。後に当代一番の茶色という意味で「当世茶(とうせいちゃ)」とも呼ばれた。『色道大鏡(しきどうおおかがみ) 注9』(延宝7年・1679)には「帯は黒きを最上とす、茶色はまたよろし、茶の中にも江戸茶、黄唐茶を制す」とあり、上格の茶色としてあった。

注9.『色道大鏡』(しきどうおおかがみ)
遊廓の風俗や習慣を長期にわたり調査研究しまとめたもの。畠山箕山著。延宝7年(1679)成立。

49. 洗朱 あらいしゅ

Indian Pink: A pale vermillion.

朱の色を洗い弱めたような淡い赤橙色をいう。「洗朱」や「洗柿」のように「洗」という字がつけられた色名は、どちらも柿色や朱色の布を洗って、その色みが落ちて薄くなったような色を表わしている。明治の後期になると天然染料に代わって化学染料がもてはやされた。これに対し伝統的な日本調の大和絵や有職故実の復興の気運が高まった。その折、洗朱が用いられ流行色の一つとなった。

50. 百塩茶 ももしおちゃ　羊羹色 ようかんいろ

Arabian Red: A dark red.

「百塩」の「百」は数の多いことを表わし、「塩」は「入」とも書き、漬ける、浸すの意味である。つまり何度も染めを繰り返したような濃い茶色をいう。『手鑑模様節用』の色譜には赤みの焦げ茶色、また『染物重寶記 注10』(文化8年・1811)にも「栗皮茶」、「当世茶」、「宗伝唐茶」と共に濃い茶で紹介されている。「羊羹色」は黒染の色が褪色して、茶色く赤みをおびてくると羊羹のような色合いになることから、赤紫みの黒色をいう。

51. 唐茶 からちゃ

Cinnamon: The light reddish-brown of cinnamon.

浅い黄みを帯びた茶色をいう。「唐茶」は唐の国から渡来の煎茶という意味だが、この茶が流行した江戸中期に唐はとっくに滅びていた。つまりこの唐の意味は中国渡来の物品を表わしている。また唐茶は中国風にたてた煎茶のことでもあるので、「枯茶」の字も用いられた。

注10.『染物重寶記』(そめものちょうほうき)
染色の技法や染色に関する様々な事柄を挿絵入で解説している。著者不詳。文化8年(1811)刊。

52. ときがら茶 ときがらちゃ

Melo Pink: The orange-pink of canteloupe melon.

浅い赤みの橙色をいう。この色は『手鑑模様節用』の色譜にあり、色名は仮名書きになっている。色譜から見て、「とき」は「鴇」、「がら茶」は「唐茶」の訛ったものと思われる。唐茶は浅い赤みの茶色であるから、ときがら茶はその色に鴇色がかった浅い茶色を表わす。

53. 黄丹 おうに おうたん

Orange Vermilion: A strong orange vermillion.

「黄丹」は顔料の名称で「おうたん」とも読まれる。染料では紅花と支子で染めた、赤みを帯びた橙色をいう。皇太子の礼服の色として、現在も立太子礼には黄丹袍が用いられる。顔料としての「丹」は古来より用いられ、社寺の丹塗りで知られる。万葉以前では、天然に産する赤土を「丹」といって、絵具としても用いられた。

54. 纁 そひ　蘇比 そひ

Flamingo: The pale crimson of flamingo plumage.

緋色の淡い色で、茜と灰汁媒染によって染められた明るい赤橙色をいう。『令集解 注11』（868年頃）の衣服・服色条に「釈伝。纁。説文。浅絳也。音許云反。俗云。蘇比也」とあり、『歴世服飾考 注12』（明治26年・1893）には称徳天皇の神護景雲元年（767）に、諸王の四世には正六位上、五位には従六位下を授け、その朝服として纁色を用いたとしている。

注11.『令集解』（りょうのしゅうげ）
養老令を注釈した諸家の説を集めた書。惟宗直本撰。

注12.『歴世服飾考』（れきせいふくしょくこう）
日本の衣服制度の沿革を図説したもの。田中尚房編。明治26年（1893）成立。

55. 遠州茶 えんしゅうちゃ

Coral Rust: Coral pink with a hint of brown.

徳川初期の大名茶人で、大徳寺の孤篷庵、桂離宮などの造園家として知られた小堀遠江守政一（1579〜1647）こと小堀遠州が好んだとされるのが遠州茶で、鈍い赤みの橙色をいう。『手鑑模様節用』に「もとおりものの地色にして小堀遠州候のこのみ給うところと云」と書かれている。小堀遠州がこの織物を愛用したのは、彼が茶道、造園で活躍していた寛永（1624〜43）の頃かと思われる。そして「遠州茶」の染色が行われるようになるのはそれ以後であろう。

56. 樺茶 かばちゃ

Etruscan Orange: The orange with a hint of brown characteristic of Etruscan art.

樺色を帯びた茶色をいう。樺の木は白樺のことをいうが、もとは山桜の一種である樺桜のことである。色名はその樹皮に見られる濃い赤茶色からきている。江戸時代は茶系統の色の全盛期であったことから、赤みの強い茶ということで、「樺茶」の色名も樺色と同様に用いられたといわれる。

57. 焦茶 こげちゃ

Burnt Umber: A deep reddish chocolate brown.

茶色の黒みを帯びた色で、ものの焼け焦げたような黒みのある濃い茶色をいう。染色の色名には、濃く深く染まった色の形容に、「濃」、「深」または「黒」などを使うが、茶色の場合だけが「焦茶」という表現が用いられてきた。英語のブラウン（Brown）はburnedまたはburntの類似の言葉と考えられ、フランス語のブラン（Brun）と共に「焼けた」という意味で、茶色は焼け色や焦げ色の意味も含んでいた。

58. 赤香色 あかこういろ

Cork: The light brown of the bark of the cork tree.

赤みをおびた香染の色をいう。丁子（ちょうじ）や木蘭（もくらん）などの香木（こうぼく）を煮出して染めると染上がった布や紙に香が残るため、この染色のことを香染といい、その色を香色といった。「赤香色」は紅花（べにばな）あるいは茜（あかね）に丁子（ちょうじ）を染め重ねるもので媒染剤は使用しない。香染は染め方により濃淡の色があり、淡いものに「薄香（うすこう）」、赤みのものを「赤香（あかこう）」といった。香木は非常に高価なものであったため、代用染には紅花と支子の淡染が広く用いられた。

59. 雀茶 すずめちゃ

Brick Red: A mellow reddish brown.

日常的に使われる茶色の色名には、よく見かける鳥の名を借りた色名がある。「雀茶」は雀の頭のような赤黒い茶色をいう。鳶（とび）よりやや明るい赤みの茶色である。また「雀色」、「雀頭色（じゃくとうしょく）」とも呼ばれる。夕暮れ時のことを雀色時（すずめいろどき）という。この色名が一般的に使われるようになったのは江戸時代からのことで、伝統色名としては新しいものである。

60. 宍色 ししいろ　肉色 にくいろ

Flesh: A peach-hued skin color.

「宍」は肉の古語で、もとはイノシシやカモシカなどの肉の色をさす色名である。天平時代から用いられていたが、後に「肉色」、「肌色」と同じに使われた。英語のフレッシュ（Flesh）というのも肉色のことで、人間の肌の色は肉色だと思われていた。日本人の皮膚の色は、薄い橙色といえるような明るい色ではない。むしろ明るい茶色ともいえるくすんだ色である。しかし一般に肌色とされている色は、本来の色よりも色白の美しい色になっている。

61. 宗伝唐茶 そうでんからちゃ

Etruscan Rose: A soft pinkish brown.

天和（1681～84）の頃、京都の染師の宗伝という人が染めだした濃い茶色のことで、唐茶より黒みのある濃い茶褐色をいう。『手鑑模様節用』の色譜に、「かばちゃ、天和の頃そうてんがらちゃの名ありて一時のりうこうたり」と書かれていることから「宗伝唐茶」と「樺茶」は同色ということになるが、後の『當世染物鑑 注13』（元禄9年・1696）では、樺茶より黒みを帯びた色と記されている。

62. 蒲色 かばいろ　樺色 かばいろ

Burnt Sienna: An orange-brown.

「蒲色」は、水草の蒲の穂の色からきた色名である。また樺色は、蒲桜の樹皮に見られる色で、褐色みの橙色をいう。樺色の方が蒲色よりやや暗いが、いずれも赤みを帯びた茶色系の濃い色をいい、両者とも似た色である。この色が透明感を持つと、俗に「飴色」といわれる色になる。桜の樹皮は強靭性があることから、曲物や弓弦の巻き物などに使われ、現在でも伝統工芸品などに用いられている。

63. 深支子 こきくちなし　ふかきくちなし

Apricot Buff: A dull apricot yellow.

『延喜式』では、支子だけで染めたものを「黄支子」、紅花と支子で熟した支子の果実に似た黄橙色を表わす色を「深支子」としている。また『延喜式・縫殿寮』には「深支子綾一疋、紅花大十二両、支子一斗、酢五合、藁半囲、薪三十斤」と材料が示されているが、紅花の量が少ないとはいえ、皇太子の袍の色「黄丹」に似ているために使用が禁じられた時代もあった。

注13.『當世染物鑑』（とうせいそめものかがみ）
染色の技法書。元禄の頃行われた染色60種の染色法が書かれている。著者不詳。元禄9年（1696）。野田屋利兵衛板。

64. 胡桃色 くるみいろ

Nut Brown: The brown of ripe walnuts.

胡桃の木の皮や実の外皮、あるいは根の皮などを使って染めた黄褐色をいう。このように植物の根や樹皮、果実などを染料とした染色には、茶色の明るい色になるものが多い。胡桃の染色は奈良時代にもすでに行われており、『正倉院文書』に「胡桃紙」という紙を染めていたという記載がある。英語の色名ウォルナット（Walnut）は17世紀にすでに登場する色名だが、これは胡桃の実の色をいう。

65. 代赭色 たいしゃいろ

Terra Cotta: A rich brownish orange, as in unglazed roof tiles.

天然産の赤鉄鉱を赭石といい、なかでも中国山西省で最高の品質の赤鉄鉱を産出した。そしてその顔料をとくに代赭といい、それが色名の「代赭色」になったといわれる。黄みの強い赤褐色をいう。江戸時代に備中で偶然に代赭の顔料製造に成功し、特産物になったといわれている。天然の赤鉄鉱の原石は硬いため、細かく砕いて粉末の顔料にするのが大変だった。そこで弁柄や黄土と同く酸化第二鉄を成分とした赤土中から採取し、どこの土地でもつくられるようになった。

66. 洗柿 あらいがき

Salmon Buff: A dull, pale orange.

洗められた布を洗い晒すと、色が薄くなるので、明るい色の形容に「洗」という字が使われる。柿色が薄くなったものが「洗柿」で浅い橙色をいう。洗柿の染色は井原西鶴の『好色一代男』（天和2年・1628）に「あらひがきの袷帷子に、ふと布の花色羽織に」と書かれていることから、天和の頃には広く行われていたことがわかる。

67. 黄櫨染 こうろぜん

Golden Brown: A rich golden brown.

古代から天皇が儀式に着用の桐竹鳳凰文の袍の色で、絶対禁色とされた。『延喜式』には、黄櫨の綾1疋に櫨14斤、蘇芳11斤が必要とされている。櫨の黄の下染に蘇芳の赤を上がけした黄褐色で、染め方が複雑なので、光の角度により赤みから黄みの褐色にまで変化して見える。黄櫨の色は真夏真昼の太陽を示し、皇太子の「黄丹」の色は曙の太陽を表わしているという。中国皇帝の黄色の袍のような明快な原色とは違って、深みのある複雑な中間色である。

68. 赤朽葉 あかくちば

Red Fallow: Tan with a hint of red.

「朽葉色」に赤色が混ざった色をいう。また秋の紅葉が黄色から赤みを増していく、赤みがちな黄色とも思われる。朽葉の色名は平安時代から用いられ、衣服の色としては幅広く、「朽葉四十八色」ともいわれるほどバリエーションがあった。「黄朽葉」、「青朽葉」、「濃朽葉」、「薄朽葉」などがある。

69. 礪茶 とのちゃ

Bronze: The clean brown of unweathered bronze.

赤みを帯びた褐色をいい、「砥茶」とも書かれる。「礪」は金属を研ぎはじめるときに用いる早砥（あらく物をみがく砥石）と呼ばれる砥石の色からきた色名。この染色は江戸前期から行われており、浮世草子では、西鶴の『好色一代男』（天和2年・1682）に「との茶のひっかえし」と書かれている。

70. 赤白橡 あかしろつるばみ

Peach Beige: A beige with a touch of pink.

橡は櫟の古名で、古くから櫟の実（団栗の一種）は染色に用いられた。『延喜式・縫殿寮』に書かれている染法によると、黄櫨と茜による灰汁媒染で染めることになっている。おそらく橙色の薄いくすんだ色をいう。また薄い赤と橡色の中間的な色調を思わせる。『歴世服飾考』（明治26年・1893）には、参議（奈良時代以降に設けられた役職で、大・中納言に次ぐ重職）以上のものが着用を許された袍の色との記録がある。

71. 煎茶色 せんちゃいろ

Tobacco Brown: A warm light brown.

日常に飲まれる煎茶の濃い黄褐色をいう。茶の葉は緑色であるが、湯をそそぐと碾茶のように緑色にはならず黄みを帯びた薄茶色になる。この色は煎じ茶の煎汁で染められることから「せんじ茶染」ともいう。煎茶色は『手鑑模様節用』の色譜に「愚案に、苦茶と書いてしぶ茶とよみきたれば官服にもちゆるにがいろは此いろなるべきか」とあり、「苦色」も色みは煎茶色に似たものになる。

72. 萱草色 かんぞういろ　柑子色 こうじいろ

Saffron Yellow: The golden yellow of dried saffron stigmas.

萱草はニッコウスゲなどのユリ科の多年生植物で、「萱草色」はその花の色にちなんだ明るい黄橙色をいう。この花は一日で凋んでしまう一日花で、花の短命さから、平安時代の宮廷で喪に服するとき、紅の色合を落とした「萱草の襲」を着用した。3月の節句に飾られる雛壇は、平安京の紫宸殿をかたどっていて、左右に左近の桜、右近の橘が配されている。この橘の果実が「柑子」で、今日のみかんに似ているが、もっとも淡い黄である。

香蝶楼
豊国画

73. 洒落柿 しゃれがき

Light Apricot: A pale ripe apricot color.

「洗柿」よりさらに淡く、「薄柿」よりやや濃い色をいう。柿の実の色からきた色名で、オレンジ系の色名として柿色は幅広い範囲をさして用いられる。元禄5年刊の『女重寶記』の染色名にも、また同年刊の『染色註初春抄』引用の土佐節「染色盡」にも「晒柿」と書かれていることから、「洒落柿」のもとの名は晒柿であったと思われる。布や紙を水や日光にあてて漂白することを晒すというが、その意味からきた色名であろう。

74. 紅鬱金 べにうこん

Majolica Orange: The orange found in Majolica ceramics.

下染を鬱金で濃いめに染めた上に、紅花または蘇芳の赤色を淡くかけた、厚みのある鮮やかな黄みの橙色をいう。「紅鬱金」は『好色一代男』に「その暮れ方に、色つくりたる女、はだには紅うこんのきぬ物」とあるように艶めいた色である。また『手鑑模様節用』に「紅かば一名紅かうじ俗に紅うこんと云。又和名に朱さくらといふ。うす紅の黄ばみたる也」とあることから、「紅樺」、「紅柑子」、「朱桜」は同色ともいわれる。

75. 梅染 うめぞめ

Peach Buff: A pale reddish tan.

梅の幹の煎汁で染めたあと、鉄漿（おはぐろ。栗などの煎汁と一緒になると黒くなる）で発色させた赤みの淡茶色の色をいう。有職故実の研究家、伊勢貞丈が著した『貞丈雑記』（天保14年・1843）に「梅染赤梅黒梅三品あり。梅やしぶにてざっと染たる梅染色。少数を染たるは赤梅也。度々染て黒みあるは黒梅也」と書かれており、発色と染着のために使う媒染剤によってそれぞれ、「赤梅」や「黒梅」と呼ばれる異なる色に染まることがわかる。

76. 枇杷茶 びわちゃ

Ocher Beige: A pale yellow-brown.

野生の実の色から色名がついた「枇杷茶」は、その実を茶がからせた浅い黄褐色をいう。この染色は『手鑑模様節用』に「びわ茶、俗にかわらけいろといふ」と書かれている。「かわらけ」は神前に供える釉薬をかけない素焼きの土器のことで、枇杷の果皮の色に似ていることから別名で呼ばれたのであろう。どちらも浅く黄みのある茶色である。

77. 丁子茶 ちょうじちゃ

Fawn: A golden brown, seen in some fawn's coats.

「丁子茶」は小袖や羽織の色に好まれて江戸初期の雛形本などに見られる。色調は平安時代から行われた丁子染を茶がからせた黄褐色をいう。本丁子茶は丁子を煎じて二度染めることから、色合いはそれほど濃くはないが、その高貴な香りと色調は独特である。江戸時代では楊梅を用いて染めることが多かった。『賤のをだ巻』(享和2年・1802)では「衣類の色も、其頃は丁子茶と云う色流行り出て」と書かれ、その流行ぶりを伝えている。

78. 憲法染 けんぽうぞめ　吉岡染 よしおかぞめ

Russet Gold: Gold with a touch of brown.

江戸初期の兵法師範、吉岡流剣法の祖・吉岡憲法が考案した染で、茶みのある黒色をいう。濃く煎じた楊梅と煎じ鉄漿で何度も染め重ねて出す茶色の濃色である。井原西鶴の『日本永代蔵』(貞享5年・1688)に「油屋絹の諸織を憲法の紋付、袖口薄綿にして三つ重ね」と出てくる。紋付を染めるのに適していたことから小紋染に用いられ、江戸時代では黒染を「けんぽう」とも呼んでいた。

79. 琥珀色 こはくいろ

Amber: The golden yellow of amber.

太古の樹脂類が土中で石化してできたのが琥珀である。琥珀の色には白や黄に近いものから赤みの強いものまであるが、大部分は茶系統なので、黄みの明るい茶色を「琥珀色」という。琥珀は日本でも古くから「くはく」、「赤玉」と呼ばれて珍重された。欧州では早くから彫刻細工をして装身具や装飾品として使われた貴重な材料で、わが国にも長崎を通じて請来（しょうらい）された。また明治期にはアール・ヌーヴォーやアール・デコの流行に伴い琥珀細工が賑わいをみせた。

80. 薄柿 うすがき

Vanilla: Pale vanilla extract.

「薄柿」は薄い柿色全体を表わす場合と、「洒落柿（しゃれがき）」よりさらに淡い柿色をさす場合があるが、ここでは後者の方である。『萬染物張物相傳（よろずそめものはりものそうでん）注14』（元禄6年・1693）には洒落柿と薄柿の染法が書かれていて、薄柿の方を少し薄くしている。安永・天明（1772〜89）の頃、帷子（かたびら）の染色に「薄柿」、「洒落柿」が用いられ、足袋の色に「白薄柿」が流行したと『反古染（ほごぞめ）』（宝暦3〜寛政元年・1753〜89）に記されている。

81. 伽羅色 きゃらいろ

Russet Brown: A deep reddish brown.

香色よりさらに濃い黄褐色をいい、香木（こうぼく）の伽羅を煮出して染められたという。香木の煮汁のみで染められる色で媒染剤は使用しない。茶系の淡色としては、白茶や白橡（しろつるばみ）と同じ系統の色になる。優雅な香りのする沈香（じんこう）の最高級品伽羅は大変貴重なものであった。江戸時代、香は公家や武士だけが楽しむものではなくなり一般にも普及したが、伽羅ともなると手が出ない高価な香料であった。江戸の富尾似船（とみおじせん）という人の俳句に、「袖ふれし どこかの伽羅様 梅の春」がある。

注14.『萬染物張物相傳』（よろずそめものはりものそうでん）
染物・洗濯・張物・汚点の落し様・かわり染め・染草・洗染の薬品の売捌所などを記した書。著者不詳。元禄6年（1693）刊。

82. 丁子染 ちょうじぞめ　香染 こうぞめ

Buff: A light yellow-brown the color of buffalo leather.

丁子は香木の丁子の煮汁で染め出される色で、「香色」、「香染」と同じ系統の色をいう。「丁子染」では媒染剤なしでは淡い香色となり、鉄、灰汁媒染では香色よりやや濃い丁子色となる。丁子はフトモモ科の熱帯常緑高木で、開花する直前に蕾を摘み取って乾燥させたものが香料として用いられる「丁子香」、「丁香」と呼ばれるもので、その芳しい香を中国では「鶏舌香」と呼び珍重していた。

83. 柴染 ふしぞめ

Drab: A light olive brown.

柴木は雑木の、椎、栗、櫟などの総称で、木の煮汁に媒染剤を用いて染めた色は、くすんだ灰色がかった黄褐色になる。『衣服令』にある柴は、黄色と橡色の間の色とされ、これを『日本書紀』では「ふし」と読ませている。「柴染」の同類で読み方が風変わりな「空五倍子色」という色名がある。白膠木の芽や葉にアブラムシが寄生してできた瘤を「五倍子」といい、中が空洞なので「空」の字がつく。この五倍子をタンニン剤として、染料や薬用にしたが、お歯黒の材料ともされていた。

84. 朽葉色 くちばいろ

Fallow: The pale brown of sandy soil in fallow fields.

落葉が朽ちた状態の色からきた色名で、褐色みの黄橙色をいう。その範囲は広く、「黄朽葉」、「青朽葉」、「赤朽葉」というように、その色みの変化によって使い分けられていた。『源氏物語』には「いときよらかなる朽葉の羅、今様色の二なく擣ちたるなど、ひき散らしたまへり」とあり、朽葉色は汚れのない美しい色であった。また平安朝の襲の色目にも用いられたほか、織色として経糸を紅、緯糸を黄に染めたものといわれている。

85. 金茶 きんちゃ

Brown Gold: A gold with a hint of brown.

江戸時代の初め頃は赤みの白茶系統をいったようだが、一般的には金色を帯びた黄褐色をいう。茶色はおもに楊梅によって染めて、蘇芳や藍をかけて色目を整えたが、「金茶」は鬱金をかけて調整した。金茶という色名は、金はすべてを買える宝だという意味で「宝茶」とも呼ばれている。

86. 狐色 きつねいろ

Raw Sienna: A brownish-yellow.

狐の背中の毛色のような赤みのある黄褐色をいう。揚げ物や焼き物などの表面がこんがり焼けたときの表現に用いられることが多い。中世の頃から使われた色名であるが、近世になってごく通俗的に使われるようになり、現在にいたっている。寛永20年（1643）の料理本『料理物語』に「あをがちは雉子のわたをたたき、みそを少し入、なべに入、きつね色ほどになるまでいり、なべをすすぎ、さてだしを入、にえ立次第鳥を入、しほかげんすいあはせ出候也、いりかげん大事也、霜雪正月の事なり」と出てくる。

87. 煤竹色 すすたけいろ

Sepia: A dark brown like the pigment derived from cuttlefish ink.

煤けた竹のような色で、緑鮮やかな「青竹色」や「若竹色」とは対照的な暗い茶褐色をいう。江戸時代には当時の粋好みの色として流行したという。また「煤竹茶」の色名もあるが、江戸期の茶好みからつけられたものであろう。煤竹は近江の農家の天井裏で二百年以上も囲炉裏の煙で燻された篠竹で、紫黒色にすすけた味わいと狂いのない竹材として、笛・笙・茶筅・籠などに使われる。

88. 薄香 うすこう

Champagne: The pale straw color of champagne.

白茶に似てもう少し色みのあるのが「薄香」である。香色には香木の丁子で染めた「丁子色」、伽羅で染め出される「伽羅色」がある。いずれも香木の煮汁のみで染められる色で媒染剤は使用しない。香染は染め方により濃淡多種の色があり、淡いものを「薄香」、赤みのものを「赤香」という。香は仏教とのつながりが深く、信仰の上からも香染が尊重され、僧衣や仏事衣服などに香染が用いられた。僧侶の袈裟は香染による「木蘭色」である。

89. 砥粉色 とのこいろ

Peach: A soft pinkish-orange, the color of peach flesh.

砥粉は刃物を研いだときに出る砥石の粉で、「砥粉色」はこの砥粉の赤みのにぶい黄色をいい、現在のベージュに近い色である。砥粉の粉は白木の化粧や漆器の下塗、刀剣類を磨く際にも使われる。また俳優などが顔のしわを隠すための厚化粧の下地にも使われていた。

90. 銀煤竹 ぎんすすたけ

Maple Sugar: The light brown of maple sugar.

「銀煤竹」の「銀」は「うすい」の意味を表わし、江戸初期頃から使われた色で、色調は煤竹色の少し淡い黄褐色をいう。『染物秘傳 注15』（寛政9年・1797）に「梅皮一返 立梅二返 石灰水にて返又 一方かりやす四返 水かね二而おさへ 其上石灰を茶碗壱つ入て返ス」とあるように、白みのくすんだ黄褐色といえる。紀州侯の御愛用だったことから「紀州茶」とも呼ばれ、また一説に表千家好みともいわれる。

注15.『染物秘傳』（そめものひでん）
染屋清三郎手写の染色技法書。寛政9年（1797）写。

91. 黄土色 おうどいろ

Yellow Ocher: A natural yellow-brown pigment.

黄土は代赭や弁柄などの赤系統の顔料と同じで、水酸化鉄の化合物として土中に産し、それを精製して得られる黄色の顔料である。色調は顔料の黄土のような黄褐色をいう。『万葉集』にも見られるように、上代から知られた顔料で日本画の絵具としても用いられる。英語の色名、イエロー・オーカー（Yellow Ocher）、フランス語のオークル・ジョヌ（Ocre Jaune）は、どちらも黄土色のことで、人工的につくられるオクサイド・イエロー（Oxide Yellow）と同じ色のことである。

92. 白茶 しらちゃ

Ecru: The very pale brown of unbleached linen or silk.

茶色系の薄い白みがかった色をいう。茶の色名が出てくるのは近世以後である。「白茶」も江戸時代の染色によく用いられ、色が褪せて白っぽくなることを、「白茶ける」というのも、この色のイメージからであろう。江戸後期に流行し、茶人や通人が愛用したほか、芸者がこの色の腰帯を使うなど粋な色だった。点茶などで茶碗を拭う白い布巾を茶巾というが、これに茶渋がついた意味で使われる「渋茶巾」は白茶色のことをいう。

93. 媚茶 こびちゃ

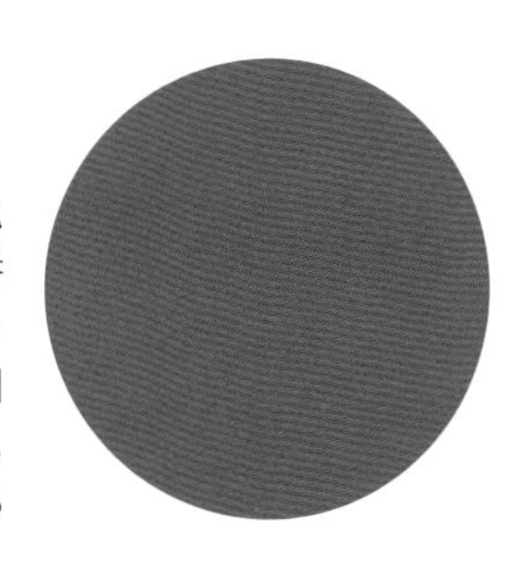

Old Gold: A dark yellow.

一説には「昆布茶」が訛ったものというが、その名のとおり昆布の色をいったもので、濃い黄みの褐色をいう。染色法は『紺屋茶染口傳書注16』（寛文6年・1666）に「こびちゃ。かわ三しほつけて、うわいろはみるちゃより少かねをこく入り、みるちゃのごとくに色をつけ申候」とあり、海松などと同じく楊梅を用い、鉄媒染で染められている。『守貞漫稿』（嘉年6年・1853）に「媚茶は天保中江戸の行はれ」とあり、天保（1830〜44）の頃、江戸で流行した。

注16.『紺屋茶染口傳書』（こんやちゃぞめくでんしょ）
江戸時代最古の染色技法書。著者不詳。寛文6年（1666）刊。

94. 黄唐茶 きがらちゃ　黄雀茶 きがらちゃ

Maple Leaf: A golden brown.

褐色みの濃い黄褐色で「黄枯茶」、「木枯茶」ともか書き、「こがれちゃ」とも読む。楊梅で下染をして上に梅をかけており、表面に赤みを少し覗かせている色である。『色道大鏡』（延宝7年・1679）には郭の遊客の帯の色について「茶色またよろし、茶の中にも、江戸茶、黄唐茶を制す」とあり、井原西鶴の『好色一代女』（貞享３年・1686）に「黄唐茶に刻稲妻の中形」、『日本永代蔵』（貞享5年・1688）には「独り娘に黄唐茶の振袖」と書かれるなど、江戸前期から中期に流行し、遊里、町方を問わず好まれた様子が見える。

95. 山吹色 やまぶきいろ

Marigold: The bright yellow of the marigold,
a member of the chrysanthemum family native to Mexico.

大伴家持の「うぐひすの来鳴く山吹うたがたも君が手触れず花散らめやも」（『万葉集』巻十七）にあるように古い色名。『古今集』では梅・桜・藤に続いて春の終わりを飾る花がこの山吹であり、いにしえの貴族がもっとも好んだ代表的な黄色の色名である。「山吹色」は支子の実を煎じて染め、わずかに蘇芳の赤みをかけた色である。江戸時代には「黄金色」とも呼ばれ、黄金や金の小判を山吹と形容した。

96. 山吹茶 やまぶきちゃ

Gold: The warm yellow of the metal gold.

黄色のような茶として黄茶や山吹茶がある。色名から黄の色が感じられるが、同じような色を江戸中期の流行色名では「蘭茶」と呼んでいたが意味はよくわからない。山吹茶は茶がからせた褐色みの黄色をいう。この色の染め方として『當世染物鑑』（元禄9年・1696）に、楊梅で染めて乾かした後、二度目にはその楊梅汁の中へ明礬を入れ、さらに黒みをかけるとある。

奉寄進
文化五年

97. 櫨染 はじぞめ

Yellow Gold: The yellow of the metal gold.

山櫨の心材は濃い黄色をしていて、これを煎じ煎汁と灰汁で染めると温かみのある黄色に染まる。支子よりは濃くて澄んだ色になる。櫨は高さ10メートルくらいのウルシ科の落葉高木で、果皮から木蠟を採るために戦国時代に中国から輸入し栽培された。また山櫨は日本の暖地の山々に自生し、秋には美しく紅葉する。『軍用記』(宝暦11年・1761)に「黄櫨威と云ふははじ色の糸にて威す也」と紹介されているが、これは黄櫨で染めた色糸で、薄片をつづり合わせた鎧のことである。

98. 桑染 くわぞめ　桑茶 くわちゃ

Buff: A light yellow-brown the color of buffalo leather.

「桑染」は桑の木の根で染めた淡い黄褐色で、古くから行われている。その淡い色を染め重ねた品のある色合いから、洒落者に喜ばれた。洒落本の『仕懸文庫』(寛政3年・1791)に「くわちゃがへしの小もん、ちりめんのひとへもの」とあるように粋人の好むところでもあった。桑染の色みをもった、やや黄みがかった白茶色は「桑色白茶」といい、江戸後期に桑染小紋の足袋として流行した。

99. 玉子色 たまごいろ

Yolk Yellow: The rich yellow of egg yolks.

鶏卵の黄身からきた色名で、茹で卵の黄身のような淡い黄色をいう。「玉子色」の染色は江戸前期から行われていて、井原西鶴の『好色一代男』(天和2年・1682)に「卵色の縮緬に、思日入の数紋」、『好色二代男』(貞享元年・1684)に「木綿の中入、上にかびたんの玉子色なるをひっかへしに、黒糸のぬいもん」と書かれており、玉子色は当時の流行りの色であったことがわかる。

100. 白橡 しろつるばみ

Flax: A pale yellowish gray.

橡は黒色の染料と思われがちだが、椿の木の灰汁や明礬などの媒染剤を使うと、黄みのある土色に染まる。このような薄茶を「白橡」といい、後世でいう白茶色の系統の色と思われる。橡はブナ科コナラ属の櫟の古名で、その実である団栗や樹皮で染めた色が「橡色」。大伴家持の歌に「くれなゐはうつろふものぞ つるばみの なれにし衣になほ若かめやも」(『万葉集』巻十八）がある。紅は華やかであるが褪めやすいということで、心変わりを表わし、それに比べると、なれ親しんだ橡染の衣のような、妻にまさるものはない、というわけである。

101. 黄橡 きつるばみ

Curry Yellow: The rich yellow of turmeric.

櫟の実である団栗の煮汁と椿の木の灰汁媒染によって染めた黄褐色をいう。橡染では鉄を媒染剤とした黒っぽい色を一般に「橡」と呼び、灰汁媒染の黄褐色を「黄橡」と呼んでいる。橡は櫟・楢・柏・樫などブナ科の落葉高木の実のこと。実の団栗で染めると明るい茶色に染まり、褪色しにくいうえに布が丈夫になるため、庶民の服を染めるのによく使われた。

102. 玉蜀黍色 とうもろこしいろ

Maize: The yellow of kernels of ripe maize (corn).

とうもろこしの実色のような温かみのある浅い黄色をいう。染色法について詳しくはわからないが、楊梅皮と明礬によって染めることができる。とうもろこしはイネ科の一年草で南アメリカ原産。インディオの主要な食物で、コロンブスによってヨーロッパに伝えられ世界中に広がった。日本には天正7年（1579）にポルトガル人によって長崎にもたらされた。英語の色名メイズ（Maize）はとうもろこしの色からとられた浅いオレンジ色。穀物、小麦、そしてとうもろこしをさすコーン（Corn）も色名として用いられる。

103. 花葉色 はなばいろ

Sun Gold: The true gold of the sun.

「花葉色」は本来、織色の名称であり『錺抄』(嘉禎元年・1235頃)に「花葉色。経黄色緯欵冬色。大略花欵冬色歟。裏青打」とあり、3月着用の服色となっている。織色は経糸に黄色、緯糸欵冬(山吹)で織った色名で、その色調は赤みの黄色であるが、山吹色よりは黄みがちな色である。

104. 生壁色 なまかべいろ

Tawny Olive: Olive green with a hint of brown.

壁の色からきた色名には、「壁土色」や、上等な砂質で仕上げた壁土の「根岸色」、塗りたてで水分を含んだ色という意味の「生壁色」などがある。色調は灰みがかった黄褐色をいう。江戸の中期から後期にかけて、生壁色を基調色として、それに藍がかった「藍生壁」、藤色がかった「藤生壁」、藍生壁に紅みを含ませた「江戸生壁」、暗く緑がかった「利休生壁」などの色が次々に現れた。

105. 鳥の子色 とりのこいろ

Cream: A pale yellowish white.

茹(ゆ)で卵の黄身のような淡い黄色を「玉子色」というが、その色がやや灰色がかると、卵の殻のような色になり、「鳥の子色」という。また和紙の原料である雁皮(がんぴ)を漉(す)いた厚手の紙を鳥の子紙と呼び、クリーム色に近い黄色をいう。襲(かさね)の色目(いろめ)にも「鳥の子襲」という名前があり、室町時代に書かれた『装束抄(しょうぞくしょう) 注17』に、「面白瑩(みがき)・裏濃蘇芳、一説、表裏白瑩平絹」とあり、表が白瑩(はくえい)、裏は蘇芳(すおう)とされた。白瑩とは貝殻でこすり磨いた白い布のことである。

注17.『装束抄』(しょうぞくしょう)
室町時代の抄物(漢籍の講義の筆記録)の装束書で、装束に関する用語を拾出して、起源、意味などを通俗的に解説したもの。

106. 浅黄 うすき

Straw: The delicate yellow of dry straw.

「浅黄」は「あさき」と読まれることから「浅葱(あさぎ)」表わし、一般には藍染の薄い色のことで、明るい青緑系をいう。浅黄という字は『延喜式』では「うすき」であって、刈安染(かりやすぞめ)の深黄(こきき)が薄くなった黄色をいう。江戸時代には薄い黄色の名には「浅黄」を用いずに「玉子」の色名を使っている。『手鑑模様節用(てかがみもようせつよう)』の色譜の「玉子」に「古名あさぎ、延喜縫殿寮式にあさき黄いろなるものをもって浅黄と唱ふるよし」と記されている。

107. 黄朽葉 きくちば

Honeysweet: Honey yellow.

朽葉は紅葉した植物の葉が落ちて腐った色ということで、黄ばんだ枯葉の色のような黄褐色をいう。この染色は『歴世服飾考(れきせいふくしょくこう)』（明治26年・1893）に「支子ニ茜若クハ紅ヲ交テ欸冬或ハ黄朽葉色ヲ染タルナリ。織物ニイヘル、経紅緯黄ナリ」とあり、支子(くちなし)に茜(あかね)または紅の交染で染められた。また朽葉の狩衣(かりぎぬ)などと記されている織物は、基本の朽葉色が経糸(たていと)が黄、緯糸(よこいと)が紅であるのに対し、「黄朽葉」は、経糸が薄紅、緯糸は黄となっている。

108. 支子 くちなし　梔子 くちなし

Naples Yellow: A muted reddish-yellow pigment containing lead antimonate.

「支子」は「梔子」とも書き、アカネ科の常緑低木。夏開く花は芳香があり、その実を染料に用いる。おそらく古代から黄色を染めるために用いられたが、皇太子の儀式用の服色、「黄丹(おうに)」に似た赤みの黄色のため一時禁制されたこともある。支子の単一染は暖かみのあるやや赤みがかった黄色で「黄支子」といわれる。支子は「口無(くちな)し」ということから、「いわぬ色」ともいわれている。

109. 藤黄 とうおう

Sunflower: The yellow of sunflower petals.

「藤黄」は草雌黄（くさしおう）というオトギリソウ科の熱帯常緑樹。幹に傷をつけて採取される樹脂からつくられる植物性の顔料で、日本画の黄色絵具として珍重された。顔料の藤黄の色のような温かみのある冴えた黄色をいう。植物性の顔料の「藤黄」に対して、硫化砒素（りゅかひそ）を主成分とする鉱物性の黄顔料に「雌黄（しおう）」または「石黄（せきおう）」と呼ばれるものがある。日本画の絵具や工芸品の塗色に使われた。

110. 鬱金色 うこんいろ

Golden Yellow: A vivid yellow.

鬱金はインド、マレー半島、インドネシアなどで栽培されるショウガ科の多年草。その根茎を染色に利用するとともに、カレー粉の材料としても用いられる。日本に渡来したのは奈良時代で、江戸時代には紅花（べにばな）染の下染に使用された。防虫のために、書画骨董や衣服を包んだ鬱金木綿でも知られる。

111. 芥子色 からしいろ

Mustard: The dull yellow of mustard.

「芥子色」は芥子菜の種子を粉にして練った香辛料の、ややにぶい黄色をいう。芥子菜はアブラナ科の多年草で、春に小さな黄色い花が咲き、小さな種子ができる。その種子を粉末にした香辛料が「和辛子」で、広く調理に使われる。西洋のマスタードは白芥子や黒芥子の種からつくる。

112. 肥後煤竹 ひごすすたけ

Oriental Gold: A muted gold.

黒みを帯びた黄褐色で『手鑑模様節用』の色譜にその名が示されている。染色法は『萬染物張物相傳』（元禄6年・1693）に「しぶき一へんひき、すわうにみやうはん少入、一へんひき、又むめ一へんひき、よくほし、又水八合程にすかね二合程入、むらなくひきよくほしはる也」とある。色名の「肥後」は地名か人名にちなんだものであろうが、定かではない。

113. 利休白茶 りきゅうしらちゃ

Citron Gray: Gray with a touch of green.

茶人・千利休（1522〜91）の名前は、色の表現では緑がかった形容によく使われる。抹茶の色から利休が連想されるのであろうか、「利休茶」は緑みの茶であり、それが薄くなると「利休白茶」である。薄い灰みの黄褐色をいう。利休白茶がいつ頃から染められるようになったかは定かではないが、『染物秘傳』（寛政9年・1797）に「りきゅう染」と書かれていることから、おそらく寛政の初期頃からと思われる。

114. 灰汁色 あくいろ

Covert Gray: An olive gray.

炭火が燃えつきて残る灰を水にといた汁が灰汁である。この汁の上澄みは、布を洗ったりする洗剤として、また草木染の媒染剤としては欠かせないものである。この灰汁の色からきた色名であり、灰汁の少し黄みを含んだ灰色をいう。

見立闇盡 恋のやみ
八百屋お七
豊国画
彫竹

115. 利休茶 りきゅうちゃ

Dusty Olive: A dull olive green.

江戸後期の『手鑑模様節用』に「千家に見るところ当代通用の色目に反ス。いづれが是れ非か」と利休茶について書いているが、この色も利休本人が選んだわけではないので、是非を論じようもない。利休の死後つくられた利休好みの色のイメージは、緑みのある渋い色であったということである。「利休茶」は色褪せた礪茶の色のような、緑がかった薄茶色をいう。利休の名がついた色名に、茶をさす「利休白茶」、緑みの茶鼠をさす「利休生壁」、また「信楽利休」などが知られている。

116. 路考茶 ろこうちゃ

Beech: A blonde tan.

宝暦・明和の頃に人気をさらった歌舞伎の女形、二世瀬川菊之丞（通称は王子路考・1741〜73）が明和3年（1766）5月、江戸中村座で「八百屋お七恋江戸紫」の狂言に、下女お杉の役で着た衣装の色を「路考茶」という。江戸時代で一番長く流行を繰り返した役者色で、「昆布茶」と同じといわれ、渋みのある黄みのオリーブグリーンである。路考の流行り物は、路考髷、路考鬢、路考櫛と彼が演じた役の成り物を真似てつくられた。

117. 菜種油色 なたねゆいろ

Oil Yellow: A deep yellow with a hint of green.

油菜の花のような明るい緑みの黄色を「菜種色」といい、その油菜からしぼり取った菜種油の色のような、緑みの深い黄色を「菜種油色」という。日本の灯油が荏胡麻油から菜種油に替わったのは江戸時代からで、その結果、春を彩る菜の花畑が出現した。菜の花が黄色の色名になったり、菜種油色がオリーブ色を表わす色名になったのは、それからのことであろう。

118. 鶯茶 うぐいすちゃ

Seaweed: A grayish olive.

鶯の羽色に似て茶みがかった黄褐色をいう。江戸時代ではオリーブ系の色もすべてこの「茶」のつく色名で呼ばれ、茶色として扱われてきた。「鶯茶」の染色法は『諸色手染草』（安永元年・1772年）に「うぐひす茶。ごまめのしるにあひをまぜ、ふのり少し入、一ぺん染て、かりやすのせんじしるにて一ぺんそめうへのとめにめうばん少し水にかきたて染てよし」とあり、下色に藍と豆のご汁、上染に刈安または楊梅皮と明礬などで染められた。

119. 黄海松茶 きみるちゃ

Seaweed Yellow: A grayish-olive yellow.

王朝風で古典的な色名にオリーブグリーンの「海松色」がある。江戸時代に好まれ、オリーブ系の茶色を「海松茶」、本来の海松色に近い色を「素海松茶」と呼び、黄みがかったにぶいオリーブ色を「黄海松茶」といった。「黄海松茶」は『手鑑模様節用』の色譜にもあり、その染色法は『萬染物張物相傳』や江戸後期の染色書にも紹介されている。

120. 海松茶 みるちゃ

Seaweed Brown: A grayish brown.

海松は日本の浅海の磯に着生する海藻の一種で、古くから「みるめ」、「みるな」、「みるぶさ」と呼ばれ、食用として採取されていた。「海松茶」は海松色を褐色がからせた暗いオリーブ色をいう。江戸時代には海松の名が流行り、『貞丈雑記』に記された「藍海松茶」をはじめ、青みの濃い「海松藍」、同じく「海松青」、黄みがかった「黄海松茶」、あるいは「素海松茶」などの色名がある。

121. 刈安色 かりやすいろ

Chrome Lemon: A natural yellow pigment made of lead chromate.

「刈安色」は刈安という植物で染めた、緑みを帯びた明るい黄色をいう。刈安は山地に自生するイネ科ススキ属の多年草の植物で、その名前は「刈り易い」ことに由来している。古くから用いられた染料で、黄色ばかりではなく、藍と併用して緑系の色も染めていたことが『延喜式(えんぎしき)・縫殿寮(ぬいどのりょう)』に記載されている。八丈島では現在でも特産の黄八丈(きはちじょう)の黄を染めるのに、「八丈刈安」の別名を持つ小鮒草(こぶなぐさ)の茎や葉の煮汁を黄色染料として用いている。

122. 菜の花色 なのはないろ

Canary: A bright yellow with a hint of green.

油菜や蕪(かぶ)、白菜の類は全体に姿がよく似ていて、花が黄色の十字花でこれらを総称して菜の花という。種子から菜種油をしぼり、食用油のほか、工業用に用いられた。明治時代にヨーロッパから輸入した西洋油菜は産油量が高く、大豆油と並んで植物油の代表格であった。「菜の花色」は明るい緑みの黄色をいう。小学唱歌に歌われる「朧月夜(おぼろづきよ)」が在来の油菜であり、菜の花畑の風景である。「菜の花や月は東に日は西に」蕪村(ぶそん)

123. 黄蘗 きはだ

Lemon Yellow: A vivid yellow the color of lemon peel.

黄蘗は山地に自生するミカン科キハダ属の落葉高木で、その黄色い樹皮の煮汁を黄色染料として用いる。また漢方では樹皮を黄柏(おうばく)といい、健胃整腸薬や傷薬として用いられる。色調は刈安に近い色で、より緑みを含んだ鮮明な黄色をいう。黄蘗で染めた紙は黄蘗紙といわれ、防虫の効果があるため、飛鳥時代から写経用の紙を染めていた。正倉院の染紙にある黄紙、黄染紙、浅黄紙などは黄蘗で染めたものと考えられている。

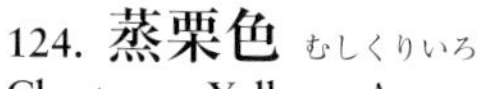

124. 蒸栗色 むしくりいろ

Chartreuse Yellow: A greenish yellow.

「蒸栗色」は蒸した栗の中身のような淡くやわらかい黄色をいう。栗のつく色名は、栗の実の皮のような灰みの茶色で、「落栗色」、「栗皮色」、「栗皮茶」、やや赤みの明るい栗色の「栗梅」などがある。蒸栗色の染色の記述が中国古代の辞書『爾雅』に記されているが、中国の蒸栗色と日本のそれは違うようである。

125. 青朽葉 あおくちば

Olive Yellow: Yellow with a hint of olive green.

秋に樹々が紅葉し朽ちていく様を「朽葉色」と呼び、平安時代から用いられた色名で、その緑の朽葉色を「青朽葉」という。染色は藍と黄蘗をかけ合わせて染める。朽葉色は衣服の色として広く用いられ、「黄朽葉」、「赤朽葉」、「濃朽葉」、「薄朽葉」などの色名がある。清少納言『枕草子』の五段に、4月、加茂の祭の頃の自然風物を描写したのに続けて、「青朽葉・二藍の物どもおしまきて、紙などにけしばかりおしつつみて、いきちがいもてありくこそをかしけれ」と書かれている。

126. 女郎花色 おみなえしいろ

Citron Yellow: A greyish-green yellow.

秋の七草のひとつである女郎花の花のような、明るい緑みの黄色をいう。また襲(かさね)の色目(いろめ)に「女郎花」がある。織色は、表の経糸(たていと)が青、緯糸(よこいと)が黄で、裏は青または萌黄(もえぎ)とされている。色の取り合わせは山吹色(やまぶきいろ)に似ているが、山吹色よりもっと緑がかった黄色が連想される。『万葉集』に「をみなへし秋萩まじる蘆城野(あしきの)は今日をはじめて萬代(よろずよ)に見む」(巻八)と詠まれ、古くから親しまれてきたことがうかがわれる。

127. 鶸茶 ひわちゃ

Light Olive Yellow: Pale yellow with a hint of olive green.

真鶸の羽の色からつけられた明るい萌黄色が「鶸色」で、その緑みのにぶい黄を「鶸茶」という。真鶸はスズメ目アトリ科の小鳥で、秋に北米から渡って来る。「前雀」、「金翅雀」とも書かれる。越智為久の随筆『反古染』(宝暦3年〜寛政元年・1753〜89)に「小袖の染色は(略)安永天明のひわ茶、青茶、紫飛」とあり、安永・天明(1772〜88)の頃、小袖の色として流行したことが書かれている。

128. 鶸色 ひわいろ

Apple Green: A crisp yellow-green.

鶸という小鳥の羽毛の色で、緑みの黄色をいう。同じ鳥からきた色名の鶯色に比べると、より鮮やかな色に使われる。「鶸色」の色名は室町時代から用いられ、やがて緑みの黄色系を表わす代表的な色名になる。この色にくすんだ茶がかかると「鶸茶」といい、江戸時代に流行した。鶸色は室町中期から江戸期まで、武家や庶民の間に流行した「辻が花」という染物にも用いられた。

129. 鶯色 うぐいすいろ

Sage Green: The gray-green of sage.

鶯の羽毛の色からきた色名で、鶸色よりは緑みの暗い色である。藍の下染の上に、刈安または楊梅皮をかけて染め出す。「鶯色」は江戸時代以降によく現れるようになった色名で、海松色と並でオリーブ系の代表的な和色名の一つである。鶯色の茶がかった色を「鶯茶」といい、鶸茶よりも暗い。

130. 柳茶 やなぎちゃ

Citron Green: A light grayish yellow green.

茶がかった柳色のことで、にぶい黄緑色をいう。また『手鑑模様節用』の「威光茶」の色譜に、「威光茶。或は柳ともいふ」と書かれ、威光茶とも呼ばれるが、色名の意味はわからない。柳にちなんだ色は『染物重宝記』(文化8年・1811)に「茶にまぎらハしきの名の事」と書かれ、「青柳茶」、「草柳茶」が記されている。また灰色系の色として「柳煤竹」、「柳鼠」なども現れてくる。

131. 苔色 こけいろ

Moss Green: A dullish yellow-green.

「苔色」はビロードのように光を吸収した苔のやわらかい感じの、深みのある萌黄色をいう。一般に苔と呼ばれるものは、コケ植物の総称で種類は多いが、苔色は青苔の色からつけられた色名である。平安時代から使われ、江戸時代には着物の流行色となった。京都の西芳寺は苔寺として知られ、微妙な美しさを持つ苔の表情は、古くから日本人に好まれ、日本庭園には欠かせない日本的な色である。苔色が濃くなると「松葉色」になる。

132. 麹塵 きくじん　青白橡 あおしろつるばみ

Elm Green: A grayish olive green.

「麹塵」というのは麹黴のようなくすんだ黄緑色をいう。麹塵と青白橡は別の色名と思われるが、源 高 明が解説した宮中の年中行事の作法書『西宮記』に「麹塵与 青白橡 一物」とあり、同じ色を表わすと考えられている。また後の「山鳩色」も同じとする説もある。天皇が平常着用された袍を「麹塵の袍」、「青白橡の袍」、「山鳩色の袍」、または青色ともいう。文様は、桐、竹、鳳凰、麒麟などを織り出したものであった。「黄櫨染」は天皇が儀式の時に着用される色。「麹塵」、「青白橡」は通常の袍の色で、臨時祭、舞楽、庭座、弓場初などのときに、これを着て出られたとのことである。『延喜式』に記された染色法は、「青白橡綾一疋。苅安草大九十六斤。紫草六斤。灰三石。薪八百卌斤」とあり、綾1疋について刈安96斤、紫草6斤を要するとされる。緑みの黄に染まる刈安と紫根の染料配色比を16：1と詳しい指示がなされている。

斬新なビジュアル 日本の伝統・文化シリーズ

Kingyo <きんぎょ>

487

愛らしい姿の金魚グラフィティ。

225mm×150mm
392 pages (Full Color)
Softbound
ISBN 4-89444-246-9
定価 ¥**3,990**
(本体¥3,800+税)

日本の犬

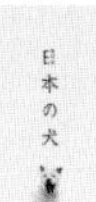

846

素朴で、りりしい、日本の犬グラフィティ完成。

日・英バイリンガル
225mm×150mm
400pages (Full Color)
Softbound
ISBN 4-89444-493-3
定価 ¥**3,990**
(本体¥3,800+税)

にわとり 十二支第十番 酉

722

干支ビジュアル、美しい鶏グラフィティ。

225mm×150mm
400 pages (Full Color)
Softbound
ISBN 4-89444-389-9
定価 ¥**3,990**
(本体¥3,800+税)

万葉集

美しい英訳と映像の斬新なビジュアルブック。

日・英バイリンガル
225mm×150mm
392 pages (192 in Color)
Softbound
ISBN 4-89444-186-1
定価 ¥**3,990**
(本体¥3,800+税)

俳句

554

古今俳句と写真が創る優美な世界。

日・英バイリンガル
225mm×150mm
424 pages (Full Color)
Softbound
ISBN 4-89444-282-5
定価 ¥**3,990**
(本体¥3,800+税)

山頭火

895

人生の悲しさ、寂しさを詠う漂泊の俳人、山頭火の世界。

日・英バイリンガル
225mm×150mm
400 pages (Full Color)
Softbound
ISBN 4-89444-545-X
定価 ¥**3,990**
(本体¥3,800+税)

空海 言葉の輝き

536

今も輝く空海の言葉と高野の映像。

210mm×130mm
288 pages (136 in Color)
Softbound
ISBN 4-89444-254-X
定価 ¥**2,940**
(本体¥2,800+税)

和の菓子 2004年グルマン世界料理本賞デザイン部門受賞

美しい和菓子絵巻グラフィティ。

日・英バイリンガル
225mm×150mm
392 pages (Full Color)
Softbound
ISBN 4-89444-288-4
定価 ¥**3,990**
(本体¥3,800+税)

Sushi <鮨>

575

鮨職人の旨さを追求した究極の1冊!

225mm×150mm
256 pages (Full Color)
Softbound
ISBN 4-89444-292-2
定価 ¥**2,940**
(本体¥2,800+税)

Meshi <飯>

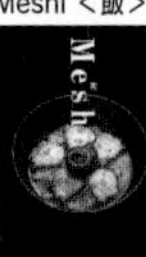

791

今に伝える江戸の飯 究極の百選。

225mm×150mm
244 pages (Full Color)
Softbound
ISBN 4-89444-535-2
定価 ¥**2,940**
(本体¥2,800+税)

五輪書

838

剣豪・宮本武蔵が残した剣の心を現代に活かす。

160mm×128mm
328pages (160 in Color)
Softbound
ISBN 4-89444-483-6
定価 ¥**2,100**
(本体¥2,000+税)

SWEET & FRESH

PIE BOOKS COLLECTION

2006 AUTUMN/WINTER

着物と日本の色

795

数々の美しい日本の伝統色が展開する着物の世界。

日・英バイリンガル
264mm×157mm
240 pages (232 in Color)
Softbound
ISBN 4-89444-451-8
定価 ¥**2,940**
(本体¥2,800+税)

着物と日本の色 夏篇

882

日本の伝統色と着物の文様で魅せる、夏の着物の美しさ。

日・英バイリンガル
264mm×157mm
232 pages (224 in Color)
Softbound
ISBN 4-89444-531-X
定価 ¥**2,940**
(本体¥2,800+税)

小袖

900

「きもの」のルーツ「小袖」。その華やかな変遷をたどる。

日・英バイリンガル
264mm×157mm
240 pages (216 in Color)
Softbound
ISBN 4-89444-550-6
定価 ¥**2,940**
(本体¥2,800+税)

かさねいろ

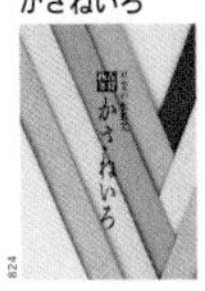

824

平安王朝の色彩美を知るビジュアル事典。

210mm×148mm
320pages (304 in Color)
Softbound
ISBN 4-89444-463-1
定価 ¥**3,465**
(本体¥3,300+税)

Katachi <日本のかたち> 日本語/英語版

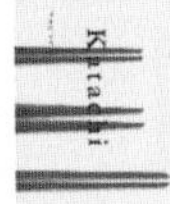

825

受け継がれてきた日本人の美意識の結晶。

日・英バイリンガル
225mm×150mm
449 pages (B/W)
Softbound
ISBN 4-89444-462-3
定価 ¥**3,990**
(本体¥3,800+税)

千社札

889

江戸~昭和 遊興人たちの粋と見栄のデザイン。

210mm×148mm
368 pages (304 in Color)
Softbound
ISBN 4-89444-539-5
定価 ¥**3,990**
(本体¥3,800+税)

江戸千代紙

743

めくるめく江戸情緒目にも鮮やかな江戸千代紙の世界。

225mm×150mm
352 pages (Full Color)
Softbound
ISBN 4-89444-399-6
定価 ¥**3,990**
(本体¥3,800+税)

日本の伝統色

928

カバーデザインは実際と異なります。

平安から現代まで、色の原点をたどる伝統色事典。

07年1月発売予定
日・英バイリンガル
210mm×148mm
192 pages (176 in Color)
Softbound
ISBN 978-4-89444-578-9
定価 ¥**2,940**
(本体¥2,800+税)

日本の紋章

827

文様の起源は紋章にあり。

日・英バイリンガル
210mm×148mm
400pages (200 in Color)
Softbound
ISBN 4-89444-469-0
定価 ¥**3,990**
(本体¥3,800+税)

日本の図像

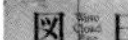

884

美の国、日本の原風景に描かれ波・雲・松の意匠を求めて。

日・英バイリンガル
210mm×148mm
400 pages (200 in Color)
Softbound
ISBN 4-89444-533-6
定価 ¥**3,990**
(本体¥3,800+税)

唐長 京からかみ

718

住む空間を楽しませ心の安らぎを導くデザイン。

210mm×148mm
240 pages (120 in Color)
Softbound
ISBN 4-89444-415-1
定価 ¥**2,940**
(本体¥2,800+税)

縞のデザイン

818

多彩で普遍的な「縞」という名のデザイン。

210mm×148mm
208 pages (176 in Color)
Softbound
ISBN 4-89444-422-4
定価 ¥**2,940**
(本体¥2,800+税)

心を元気にしてくれる風景写真シリーズ

365日空の旅 かけがえのない地球

美しい地球を愛しむ気持ちが湧いてくる1冊。
写真／ヤン・アルテュス=ベルトラン

改訂版 06年11月発売予定
165mm×245mm 790 pages (Full Color) Hardbound
ISBN 4-89444-588-3 定価 ¥3,990(本体¥3,800+税)

残したい地球の自然

この豊かな自然を残したい！
写真／柳木昭信

200mm×225mm 240 pages (224 in Color) Softbound
ISBN 4-89444-487-9 定価 ¥2,940(本体¥2,800+税)

ありのままの自然

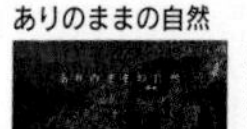

ありのままの自然を残して後世に伝えたい！
写真／平山 健

220mm×265mm 104 pages (96 in Color) Softbound
ISBN 4-89444-508-5 定価 ¥2,520(本体¥2,400+税)

ここだけは行ってみたい 水辺の景色

世界名景紀行、世界の美しい景色への旅の始まり。

257mm×182mm
88 pages (Full Color)
Hardbound
ISBN 4-89444-312-0
定価 ¥1,890
(本体¥1,800+税)

ここだけは行ってみたい 大地の景色

世界名景紀行、その旅はこの１枚の写真から始まる。

257mm×182mm
88 pages (Full Color)
Hardbound
ISBN 4-89444-313-9
定価 ¥1,890
(本体¥1,800+税)

ここだけは行ってみたい 建物のある景色

世界名景紀行、第2弾！見たことのない景色が広がる。

257mm×182mm
88 pages (Full Color)
Hardbound
ISBN 4-89444-353-8
定価 ¥1,890
(本体¥1,800+税)

ここだけは行ってみたい 映画で見た景色

世界名景紀行、第2弾！名画に出てきた美しい風景。

257mm×182mm
88 pages (Full Color)
Hardbound
ISBN 4-89444-354-6
定価 ¥1,890
(本体¥1,800+税)

ここだけは行ってみたい 秘境を巡る景色

世界名景紀行、第3弾！未知の景色を堪能する写真集。

257mm×182mm
88 pages (Full Color)
Hardbound
ISBN 4-89444-433-X
定価 ¥1,890
(本体¥1,800+税)

ここだけは行ってみたい 伝説が残る景色

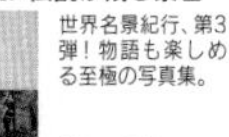

世界名景紀行、第3弾！物語も楽しめる至極の写真集。

257mm×182mm
88 pages (Full Color)
Hardbound
ISBN 4-89444-434-8
定価 ¥1,890
(本体¥1,800+税)

ここだけは行ってみたい イタリアの景色

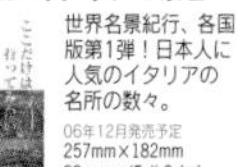

カバーデザインは実際と異なります。

世界名景紀行、各国版第1弾！日本人に人気のイタリアの名所の数々。

06年12月発売予定
257mm×182mm
88 pages (Full Color)
Hardbound
ISBN 4-89444-573-5
定価 ¥1,890
(本体¥1,800+税)

ここだけは行ってみたい フランスの景色

カバーデザインは実際と異なります。

世界名景紀行各国版第1弾！フランスの魅力満載の写真集。

06年12月発売予定
257mm×182mm
88 pages (Full Color)
Hardbound
ISBN 4-89444-574-3
定価 ¥1,890
(本体¥1,800+税)

世界の島々

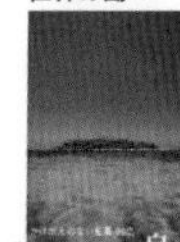

透きとおる海、宝石のような島々が目の前に広がる。

257mm×182mm
160 pages (Full Color)
Softbound
ISBN 4-89444-412-7
定価 ¥1,890
(本体¥1,800+税)

日本の島々

季節の美しさを楽しみ、日本の島々の良さを味わう。

257mm×182mm
160 pages (Full Color)
Softbound
ISBN 4-89444-413-5
定価 ¥1,890
(本体¥1,800+税)

世界の路地裏100

ガイドブックには載っていない、魅力あふれる路地裏の写真集。

264mm×157mm
200 pages (136 in Color)
Softbound
ISBN 4-89444-404-6
定価 ¥2,520
(本体¥2,400+税)

日本の路地裏100

訪れた人しか知ることのできない「路地裏景色」が広がる。

264mm×157mm
200 pages (136 in Color)
Softbound
ISBN 4-89444-405-4
定価 ¥2,520
(本体¥2,400+税)

空の色

見る人の数だけ物語が生まれる感動の写真集！
写真／HABU

220mm×265mm 104 pages (96 in Color) Softbound
ISBN 4-89444-146-2 定価 ¥2,520(本体¥2,400+税)

空へ

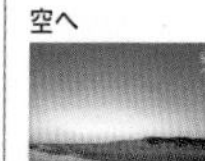

写真家HABUの「空を追いかける旅」の第2弾。
写真／HABU

250mm×260mm 96 pages (Full Color) Softbound
ISBN 4-89444-195-0 定価 ¥2,940(本体¥2,800+税)

雲を追いかけて

空の写真家HABUのつづる雲のストーリー。
写真／HABU

220mm×265mm 152 pages (144 in Color) Softbound
ISBN 4-89444-379-1 定価 ¥2,940(本体¥2,800+税)

空の模様

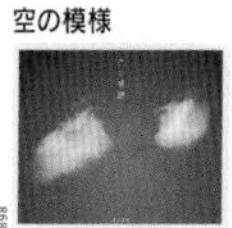

空を見たのはいつですか。
写真／HABU

220mm×265mm 104 pages (96 in Color) Softbound
ISBN 4-89444-548-4 定価 ¥2,520(本体¥2,400+税)

写真詩集 夢にむかって

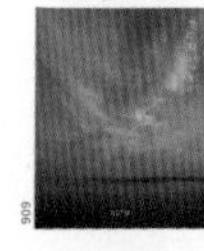

夢を思いだせ
夢を追いかけろ
夢をあきらめるな。
写真・文／HABU

06年10月発売予定
172mm×142mm
96 pages (Full Color)
Hardbound
ISBN 4-89444-559-X
定価 ¥1,344
(本体¥1,280+税)

写真詩集 自分の物語

本当の自分をさがす旅。大地をさすらい心の奥をさまよう。
写真・文／HABU

06年10月発売予定
172mm×142mm
96 pages (Full Color)
Hardbound
ISBN 4-89444-560-3
定価 ¥1,344
(本体¥1,280+税)

静かな時間

あなたの心に"静かな時間"をとりもどすやさしい景色。
写真／高橋真澄

220mm×265mm 104 pages (96 in Color) Softbound
ISBN 4-89444-450-X 定価 ¥2,520(本体¥2,400+税)

静かな場所

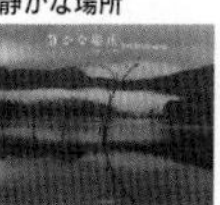

静寂の中にたたずむ美しい原生風景。
写真／相原正明

220mm×265mm 104 pages (96 in Color) Softbound
ISBN 4-89444-529-8 定価 ¥2,520(本体¥2,400+税)

道のむこう

美しい場所へ連れていってくれる道がある…。
写真／ベルンハルト M. シュミッド

220mm×265mm 104 pages (96 in Color) Softbound
ISBN 4-89444-212-4 定価 ¥2,520(本体¥2,400+税)

道のつづき

遥かなる道のむこうには何があるのだろう。
写真／ベルンハルト M. シュミッド

250mm×260mm 96 pages (Full Color) Softbound
ISBN 4-89444-318-X 定価 ¥2,940(本体¥2,800+税)

道のかなた

その道は、はるかかなたに続いている…。
写真／ベルンハルト M.シュミッド

220mm×265mm 104 pages (96 in Color) Hardbound
ISBN 4-89444-514-X 定価 ¥2,940(本体¥2,800+税)

黄昏 たそがれ

移りゆく光のコントラスト、夕暮れのやさしい光が辺りを包む。
写真／ベルンハルト M. シュミッド

220mm×265mm 104 pages (96 in Color) Softbound
ISBN 4-89444-429-1 定価 ¥2,520(本体¥2,400+税)

133. 璃寛茶 りかんちゃ

Drab: A light olive brown.

大坂の歌舞伎役者で人気のあった二世嵐吉三郎（1769～1821）が好んで用いた、暗い灰みの緑がかった茶色をいう。染色法は浅葱の上に楊梅の酢鉄漿、または濃い刈安に鉄漿で発色させた。当時役者は風紀の上から市中に定住することを禁じられたが、多くは小間物屋や俳人を兼業し町中に居を構え、その屋号や俳号が役者名として呼ばれた。璃寛は吉三郎の俳号で、美貌、美声をうたわれ、同時期の三世歌右衛門（芝翫）と人気を二分した。なお璃寛の名称は、璃寛縞といわれる大柄の縞模様にも用いられている。

134. 藍媚茶 あいこびちゃ

Dark Olive: A dark olive green.

渋いオリーブ系の茶である「媚茶」を、藍がからせた暗い緑褐色をいう。染色法は『諸色手染草』（安永元年・1772）に「ももかわのせんじしるにて二へんそめ、其うへをかりやすのせんじしる少し入、めうばん水にかきたてそめてよし。但し下地をうす浅黄に染れば、地つよくして色なをよし」とある。浅黄に下染した上に、楊梅皮と刈安の煮汁で染め、明礬媒染で出された色である。

135. 海松色 みるいろ

Sea Moss: Grayish olive green.

海松は浅海の岩石につく緑藻である。その叉状に分枝した枝の先が揃っている形がおもしろいことから、平安の頃から文様に使われていて、「みるめもよう」などと呼ばれている。色調は海松の色からきた、茶みを帯びた深い黄緑色をいう。オリーブ系の色名があまりなかったわが国では海松の名は広く使われ親しまれた。「海松色」の青みが強くなると「海松藍」、もっと茶みが強くなると「海松茶」と呼ばれ、江戸時代の流行色である。

幡随長兵衛
市川團十郎
豊原國周筆

136. 千歳茶 せんさいちゃ

Bronze Green: A grayish olive.

江戸時代の染色の色名で、暗いくすんだオリーブ色をいう。『手鑑模様節用』には「せんさい茶」として「むくの実染めにいろおなじ、当世さわらび色ト号」と紹介されている。また「仙斎茶」とも書くので、仙斎という人の考案した染色かもしれない。江戸の流行色としては、京阪で文政（1818〜30）の頃、婦人の羽織などにこの色がよく用いられたほか、男子の木綿にも使われた。

137. 梅幸茶 ばいこうちゃ　草柳 くさやなぎ

Silver Sage: A sage green with a hint of silver.

日本語の色名でも、江戸時代の歌舞伎役者の芸名、俳号などからつけられた役者色に、「団十郎茶」、「路考茶」、「梅幸茶」などがあり、当の役者が全盛の間にできた色名である。初代尾上菊五郎（梅幸・1717〜83）が好んだという灰みのある淡萌黄色は、彼の俳号から名付けて「梅幸茶」と呼ばれた。また『手鑑模様節用』では「草柳」の色譜に「当世通名梅幸茶」とあり、草柳を当時は「梅幸茶」と呼んでおり、色調は黄緑または萌黄系であったのであろう。

138. 鶸萌黄 ひわもえぎ

Fresh Green: The bright green of new growth.

鶸色は緑みの黄色を表わす色名であるが、鶸色がより黄みの黄緑色になると「鶸萌黄」と呼ばれる。染色法は『染物早指南 注18』（嘉永6年・1853）の「鶸萌黄」に、「かやこくにつめて裏表二へんづつあいけし」とあり、刈安を強く、藍を弱くして黄みの強い緑になるようにしている。「鶸」のつく色名には他に「鶸茶」がある。

注18.『染物早指南』（そめものはやしなん）
染色の技法書。染汁と染物伝授の部で構成されている。好染翁編。嘉永6年（1853）刊。

流行更紗
岩井半四郎
豊原国周筆

139. 柳染 やなぎぞめ

Willow: The yellow-green of willow leaves.

黄緑色の薄い色は草木の若葉の色を思わせ、柳葉のようなかすかに灰みを含んだ黄緑色を「柳染」という。柳はヤナギ科ヤナギ属の落葉高木で、湿った場所を好む。街路樹や河畔の並木として一般的なのが枝垂柳（しだれやなぎ）で、梅などと共に奈良時代に渡来したとされる。柳は平安貴族に愛好され、その名の装束は『宇津保（うつほ）物語』に「やなぎがさね」、『源氏物語』に「柳の汗衫（かざみ）」、『栄華物語』に「柳の唐衣（からぎぬ）」と見えるが、これらは襲（かさね）や織色であって、染色の柳はこの時代にはまだ現れていない。柳染が行われるのは江戸時代からと思われる。

140. 裏柳 うらやなぎ　裏葉柳 うらはやなぎ

Mist Green: The delicate grayish green of the backs of willow leaves.

柳の葉裏の色からきた色名で、淡い黄みの黄緑色をいい、「裏葉柳」とも呼ばれる。草木の葉裏の色は、表より白っぽい場合が多い。葛（くず）や柳の葉裏などはとくにそうであり、古くから特徴的に用いられ、浄瑠璃の通称「葛の葉」といわれる『蘆屋道満大内鑑（あしやどうまんおおうちかがみ）』の中に、女主人公の葛の葉の詠む、「恋しくば尋ねきてみよ和泉（いずみ）なる信太（しのだ）の森のうらみ葛の葉」の歌がある。うらみには「恨（うら）み」と「裏を見る」がかけてある。

141. 岩井茶 いわいちゃ

Slate Olive: An olive green with a hint of slate blue.

生世話物（きぜわもの）を当り役とした名女形（おやま）の五世岩井半四郎（1747〜1800）が愛用したことから出た色名で、黄みがかった灰緑茶である。七世団十郎と並んで江戸の人気を集め、彼から出た流行りものは、「半四郎鹿（か）の子（こ）」、「半四郎小紋」、「岩井櫛（くし）」、「岩井香」、また岩井煎餅（せんべい）まであった。男女の別なく流行したとのことで、彼の錦絵の衣装にもこの色が見られる。

142. 萌黄 もえぎ

Spring Green: The characteristic vital green of spring growth.

春先に草の萌え出る黄みの色という意味で「萌黄」と書く場合と、木の葉が芽吹いて萌え出るという意味で「萌木」。また葱の新芽が萌え出る色という意味で「萌葱」と書く場合がある。黄みのある淡い萌黄色は、「若芽色」、「若苗色」、「早苗色」に近く、まさに若さの象徴である。『平家物語』では、平敦盛の若武者ぶりを「萌葱匂いの鎧着て」と記している。薄い藍染を下地に、黄蘗や刈安で染められる。平安時代から近世まで常用されていた代表的な緑系統の色名である。

143. 苗色 なえいろ　淡萌黄 うすもえぎ

Apple Green: The clear green of green apples.

稲の苗が植わった様子からきた色名で、淡い萌黄の色をいう。萌黄は藍と黄蘗をかけた染色だが、「苗色」は青白橡や麹塵と同じで、紫と刈安をかけたものである。また苗色は天皇の側に仕える人々の服色にも用いられた。苗色に似た色に「若苗色」があるが、苗色よりも少し青みの明るい色である。苗色は平安文学には見られないが、『源氏物語』（宿木）には「濃き袿に、撫子とおぼしき細長、若苗色の小袿着たり。」と若苗色は見えている。

144. 柳煤竹 やなぎすすたけ

DeepSea Moss: a deep grayed green.

「柳煤竹」は「煤竹色」が緑みがかったことを意味する色名である。緑ぎみであることを表わすのに「柳」という字がつけられる。『當世染物鑑』（元禄9年・1696）の序に「色々の茶ぞめ、すす竹、替りたる染出し有之……」とあり、この頃「煤竹色」の変り染めとして現れた。染色法は楊梅皮の煮汁で下染をした上に、鉄漿や明礬媒染で発色させた。この柳煤竹をさらに黒ずませたのが「柳煤竹茶」である。

145. 松葉色 まつばいろ

Jade Green: A bluish green.

松の葉のような深みのある青緑色で、「松の葉色」ともいわれる。松は古来より常緑で美しいことから神の宿る木とされ、さまざまな民俗行事や祝い事に用いられてきた。『枕草子』に、清少納言が男性の狩衣（かりぎぬ）の色目をいろいろと思いめぐらし、「狩衣は香染の薄き、白き、ふくさ、赤色、松の葉色、青葉、桜、柳、また青き、藤」などとあり、平安時代から使われてきた色である。

146. 青丹 あおに

Cactus: A yellow-green with a hint of gray.

「青丹」は岩緑青（いわろくしょう）の古名で、青土（あおつち）のような暗くにぶい黄緑色をいう。本来顔料であるが、その色に似せて藍（あい）と黄蘗（きはだ）をかけて染められた。青土は「あおに」と読まれ、「青丹」と書かれるようになるが、「丹」は土の意味である。「あおによし ならのみやこは……」という奈良にかかる枕詞（まくらことば）の「青丹」は、青色と丹色（にいろ）の意味であり、緑釉（りょくゆう）の屋根瓦と丹塗りの柱による平城京の色彩美をたたえている。

147. 薄青 うすあお

Light Green: A light true green.

緑は現代では緑色系統の総称だが、昔は緑色を青と萌黄（もえぎ）の色名で表現したそこで、「薄青」は浅い緑色をいう。生長した植物の葉の色を一般名として「青」と呼び、公式名として「緑」と呼んでいることから、「薄青」は『延喜式（えんぎしき）・縫殿寮（ぬいどのりょう）』の「浅緑」にあたる。染色法は「浅緑綾一疋に、藍半囲、黄蘗二斤八両。帛一疋に、藍半囲、黄蘗大二斤」とあり、藍と黄蘗で染められる。

148. 柳鼠 やなぎねずみ　豆がら茶 まめがらちゃ

Eggshell Green: The delicate bluish green of robin's eggs.

柳の緑をおびた鼠の意味で、緑みの薄い鼠色をいう。『手鑑模様節用（てかがみもようせつよう）』の「柳鼠」には「柳ねずみ。俗に豆がら茶」と書かれている。「豆がら茶」は、大豆の茎の色からきた色名。一つの色が茶と鼠の二種の名で呼ばれるのは、柳鼠の色調が破調色（低彩度の色）だからであろう。一般に、渋み、温かみを表わす色は「茶」の名で呼ばれ、やわらかく、クールな色は「鼠」の名で呼ばれている。

149. 常磐色 ときわいろ

Evergreen: A rich leaf green.

「ときわ」は常に変わらぬ岩の意味で、それから転化し、常緑の樹木である松や杉の緑の葉の色名とした。深く濃い緑色を表わし、「松葉色」や「千歳緑（せんさいみどり）」も同じである。江戸時代には長寿や繁栄など吉祥の祈念を込めた言葉を物の名称に使用する例は多く、混乱の時代を脱した庶民の安堵感が現われている。

150. 若竹色 わかたけいろ

Porcelain Green: A vivid yellow-green.

その年に生えた若い竹のような、さわやかな緑色をいう。色が濃くなれば「青竹色」になり、黄みのにぶい緑になると「老竹色（おいたけいろ）」になる。竹は中国では四季を通じ青々と茂り、まっすぐ節目正しく成長することから、俗気のない君子の植物とされた。日本ではその生命力からめでたいものとして、松竹梅の一つとなっている。若者向きの訪問着や振袖などに多く用いられている。

151. 千歳緑 ちとせみどり　せんさいみどり

Bottle Green: A dark green often found in glass bottles.

常緑樹の松の緑という意味から、縁起のよい「千歳緑」と呼ばれ、濃く暗い緑色をいう。また「せんさいみどり」とも読む。松は千年の齢(よわい)を重ね、常磐(ときわ)の色を保つことから、めでたい色として生まれた色名である。千歳緑に類する色に『延喜式(えんぎしき)・縫殿寮(ぬいどのりょう)』の「深緑(こきみどり)」があり、刈安(かりやす)と蓼藍(たであい)のかけ合わせで染められている。深緑が藍がかった緑色であるのに対して、千歳緑は青竹色のくすんだような色相である。

152. 緑 みどり（古代一般名・青みどり）

Malachite Green: The rich, true green of malachite.

草木の葉のような深い緑色をいう。昔は植物染料で緑色に着色できるものがなかったの『延喜式・縫殿寮』の「深緑」は藍と刈安で染められ、「中緑(なかみどり)」と「浅緑(あさみどり)」は藍と黄蘗(きはだ)で染色される。日本では草木が緑に色づくことを、しばしば「青い」と形容してきた。青山、青田、青葉の「青」は、現実の色ではなく緑色を表わしている。

153. 白緑 びゃくろく

Opal Green: The milky green of opals.

鉱物の孔雀石（くじゃくいし）（マラカイト）を砕いたものが岩緑青で、それをさらに細かく水と共に研（す）ってつくった淡い緑色の岩絵具が「白緑（びゃくろく）」である。色名の「白」は淡いの意味である。中国清朝の画譜である『芥子園画伝（かいしえんがでん） 注19』には緑青をつくる場合、孔雀石を砕いて水に入れて混ぜ、孔雀石の粒子の細かさで比重が違うため、「頭緑、二緑、三緑」に分かれると書かれている。白緑の名はないが、この頭緑が白緑にあたる。

注19.『芥子園画伝』（かいしえんがでん）
中国清代初期の文人李漁（笠翁）が王安節（鹿柴）のまとめた歴代名家の山水画法をはじめ多くの画稿の模写を集めて出版したもの。早くから日本に伝わり、南画や浮世絵にも大きな影響をあたえた。

154. 老竹色 おいたけいろ

Antique Green: The dull green of marble.

若竹色や青竹色に対して、年を経た意味の灰みをおびた緑色をいう。伝統色名では「老」は「若」の鮮やかな調子に比べ、くすんだにぶい色の形容に用いられる。さらにすすけた、古色をおびた竹の色ということで「煤竹色」の色名があるが、煤竹は茶系の色である。

155. 木賊色 とくさいろ

Almond Green: The deep bluish-green of the backs of almond leaves.

木賊は多年生常緑のシダ類の一種で、その茎が珪酸を含んで固くざらざらしているために、板などを磨くのに用いられた。そのために「砥草」とも書く。色名はこの茎の青々しい色からきており、暗い緑である。一般に緑系統の色は藍の下染に黄蘗をかけるが、濃い緑には刈安を上がけして染める。中世の軍記物・説話物などにも「とくさの狩衣」などとあり、かなり年配者が着用している。江戸の中期に流行を見た色である。

156. 御納戸茶 おなんどちゃ

Forest Green: A dull, deep green.

灰みの暗い青色の「御納戸色」に、茶みを加えた暗い青緑色をいう。田宮仲宣の随筆集『愚雑俎』(文政8年・1825)に、御納戸茶の由来について「御納戸茶といふ色は絹局より藍みる茶の絹をある屋舗の納戸へおさめしに、年経て出し見給へば、いろそんじかはりたるがえもいへぬおもしろきいろなりとて、納戸茶となづけられしより……」とある。納戸にしまっておいた藍海松茶の布が変色して、その色が得も言えぬほどおもしろく、これを納戸茶として売り出したところ、宝暦から天明にかけて流行ったということである。

157. 緑青 ろくしょう

Verdigris: The bluish-green of the patina that forms on copper.

炭酸銅と水酸化銅を主成分とする天然の緑青は、孔雀石（マラカイト）を砕いたもので、濃い緑色の岩絵具である。その色調は成分の炭酸銅が多いと青みが強くなるが、普通は濃い緑色である。孔雀石から「緑青」をつくるには、その粉末に水を加えて強く研り、上層に浮き上がった細かい粒子が「白緑」、中層にたまる粗い粒子が「中緑」、下層にたまる「緑青」とに選り分けられる。古くから知られた顔料で、絵具として使われたほか、社寺仏閣の建築物や彫刻などの彩色にも広く使われた。

158. 錆青磁 さびせいじ

Ripple Green: A delicate blue-green.

「錆青磁」は浅い緑青の青磁色のくすんだ色をいう。青磁は中国の唐の時代に伝来した磁器の肌の色からきた色名で、淡い青色と淡い緑青があるが、青磁色は後者の色をさす。錆は金属などの場合は空気にふれると表面に酸化物が生じる。それが錆で、鉄の場合は赤褐色か黒に、銅の場合は緑か黒になる。江戸時代には錆の色名がつく、「錆煤竹」、「錆鉄御納戸」、「錆利休」、「錆浅葱」など多くが現れるが、錆青磁は見当たらず、明治前期の流行色にその名がある。

159. 青竹色 あおたけいろ

Jewel Green: A deep emerald green.

青竹の肌のような緑色からきた色名で、実際の竹よりもやや青みが強調された、明るく濃い緑色をいう。緑色には「若」と「老」がつく色名が多い。「若緑」や「老緑」があり、竹の場合も「若竹色」、「老竹色」がある。若竹色は「青竹色」より明るい緑で、訪問着や振袖などに用いられる。明治の初めに欧州からマラカイト・グリーンという染料が多量に輸入され、これが青竹色と呼ばれるようになった。本来の青竹の色よりもずっと鮮やかな濃い緑色になっている。

160. ビロード

Linco ln Green: A deep green used in tartan.

「ビロード」はポルトガル語の「veludo」またはスペイン語の「velludo」からきた言葉で、西洋から舶来したパイル織物の一つである。この織物は天文年間（1532〜54）、ポルトガル商船が伝えて、慶長年間（1596〜1614）に京都で織り始めた。「天鵞絨」と書かれ、ビロードの生地が光沢のある白鳥の翼に似ているところからこの字があてられた。ビロードの色は『萬金産業袋』に「色くろ、もへき、はないろ、その他いろいろ」とあるが、暗い青みの緑とされていたようである。

161. 虫襖 むしあお　虫青 むしあお

Green Duck: Mallard green.

玉虫の翅（はね）のような暗い青みの緑色をいう。また「夏虫色」とも呼ばれる。玉虫の翅は光の角度により緑や紫色に光を放つ。奈良斑鳩（いかるが）法隆寺に伝わっている玉虫厨子（ずし）には、厨子の柱や基壇の側面などに玉虫の翅が敷きつめられ、美しく光り輝いている。織物で玉虫色を表わすには、経糸（たていと）を緑に、緯糸（よこいと）を赤みの紫で織ったものがそれに近いといわれる。

162. 藍海松茶 あいみるちゃ

Olive Drab: A dull olive green.

「藍海松茶」は海松茶に藍を加えた色で、やや黒みの青緑色をいう。海松は海藻の一種で黄みの深緑色をいい、その色から派生した色で、色名の「茶」は黒みを表わす。この色目は時代が下がってくるとより明るく緑みの強い色になった。海松は平安時代からある色名であるが、オリーブ系統の色名が古代から少なかったので、江戸時代まで続いて使われ、たびたび流行した色である。

163. 沈香茶 とのちゃ

Chinese Green: Overglaze green in Chinese ceramics.

江戸時代に「とのちゃ」と呼ばれるものには、「礪茶」と、この「沈香茶」がある。沈香茶は灰みの青緑をいう。沈香(じんこう)はインドのアッサム地方やミャンマー、ベトナム、ボルネオなどの熱帯多雨林産の香木(こうぼく)で、外見は朽木(くちき)のようだが黒くて堅い。粉末にして他の香料と調合し、練香や線香の材料として用いられる。沈香茶はその一種の黒沈香の木の色に由来するのではないだろうか。

164. 青緑 あおみどり

Sea Green: The blue-green of the sea.

「青緑」は青色とも緑色ともいえない、青みがかった緑色をいう。『延喜式』には黄緑とか青紫、赤紫という中間色の表記はないのに、青と緑の中間の色として「青緑」だけはある。染色は「帛一疋。藍四囲。黄蘗二斤」とあるから、藍に黄色系の黄蘗(きはだ)をわずかにかけた、縹色(はなだいろ)に近い緑色と思われる。

165. 青磁色 せいじいろ　秘色 ひそく

Celadon: The gray-green of celadon porcelains.

中国で唐の時代につくられはじめた青磁は、平安時代わが国に伝来した。その淡い緑色の磁器の肌色からつけられた。英語のセラドンも青磁のことで、そのまま色名になっている。青磁の発色は、黄み、緑み、青み、あるいは濃淡の微妙な変化があり、味わい深い色である。天龍青磁といわれるものは黄緑で、砧(きぬた)青磁というのは青白みをもった緑である。一般に「青磁色」は砧青磁の色をさしていわれる。

166. 鉄色 てついろ

Fir Green: The blue-green of fir needles.

鉄の焼肌の色からきたという説と、陶器に用いられる呉須に含まれる鉄分の色からきたという説がある。藍染の色のなかでも緑みの濃い青色をいう。「鉄色」の先染（織物にする前に糸の状態で染色すること）織物は、番頭や手代の羽織や前掛けによく用いられたもので、明治中頃から大正にかけて流行した。鉄にちなむ色名は青みの濃い鉄色の「鉄紺」をはじめ、「鉄納戸」、「鉄鼠」、「鉄深川」、「鉄葡萄」、「錆鉄御納戸」などがある。

167. 水浅葱 みずあさぎ

Aqua Green: A blue-green color.

水で洗い晒したような淡い浅葱という意味で、藍染の淡い色をいう。藍染は薄い色の段階では緑になり、水浅葱は「水縹」や「水色」と同様に緑みがかった淡い青色である。一方、紫みのある淡い青色は一般的に「空色」と呼ばれる。『手鑑模様節用』には「水浅葱」について「俗にのぞき色とも又かめのぞきともいふ」と記されている。

168. 青碧 せいへき

Turquoise Blue: The vivid blue green of turquoises.

「青碧」は中国古代の玉石の名称で、日本の服色の「青碧」の色調はその玉石の色からきたものと思われる。青碧の色相は青緑色と思われるが、僧尼の衣色としても用いられていることから、にぶい青緑色の地味な色と思われる。

169. 錆鉄御納戸 さびてつおなんど

Blue Conifer: The muted blue-green of pine needles.

「錆」は鉄などが錆びた赤錆という意味ではなく、「侘び、寂」の「さび」に通じ、暗くくすんだ色をいう。「鉄」は暗い緑みの青色、「納戸」は暗い青色をさすから、「錆鉄御納戸」は緑みの暗くにぶい青色をいう。この染色法は『染物早指南』（嘉永6年・1853）に「錆鉄御納戸。下ぞめ濃花色、かやの中へ、やしやぽっちり、鉄醤、水等分、酸」と書かれている。

170. 高麗納戸 こうらいなんど

Canton Blue: A bright navy blue.

歌舞伎界の大立者であった四世松本幸四郎（1737〜1802）に由来する暗い納戸色をいう。この色名は彼が鈴ヶ森の幡随院長兵衛の役柄で使った合羽が評判となり、その縞柄を彼の屋号である「高麗屋」から「高麗屋縞」といった。五世幸四郎は「鼻高幸四郎」と呼ばれ、鼻が高く、口を真一文字に結んだ強い風貌で凄味のある芸風が江戸っ子にもて囃され、その人気と共に高麗納戸も広く流行した。

171. 白群 びゃくぐん

Pale Ultramarine: A pale true plue.

青色の顔料であるアズライト（藍銅鉱）という石を砕いてつくられる「群青」を、さらに微細したものが「白群」で、白みをおびた淡青色をいう。日本画には欠かせない岩絵具で、桃山時代の障壁画や江戸時代の琳派の屏風絵などに使われている。アズライトは緑色の顔料である緑青の原料であるマカライト（孔雀石）と共に産出される。

172. 御召茶 おめしちゃ

Dun: A grayish olive green.

「御召」は「着ること」の尊敬語で、11代将軍徳川家斉が高級縮緬を愛用したことから、天皇や将軍の御召料として用いられた織物につけられていた。色調は御召縮緬のくすんだ緑みの青色をいう。染色法は『染物早指南』（嘉永6年・1853）に「下染薄藍、かやの中へ、やしやぽっちり、水等分」とあり、藍で下染をして矢車などを重ねるために、茶色というものの、くすんだ青緑系統の色である。

173. 瓶覗 かめのぞき　覗色 のぞきいろ

Horizon Blue: The pale sky blue visible on the horizon.

「瓶」は藍瓶のことで、糸や布を藍瓶の中にちょっと潜らせて染め出される色で、白に少し藍をかけて白を殺したという意味の「白殺し」同様、染め方からきたユーモラスな色名である。藍で染めたもっとも淡い青色で、その淡さは「水色」よりさらに淡い色で、「覗色(のぞきいろ)」ともいわれる。また『手鑑模様節用(てかがみもようせつよう)』の「水浅葱(みずあさぎ)」の色譜に、「俗にのぞき色とも又かめのぞきともいふ」と書かれている。ここでは水浅葱と瓶覗は同色とみなされているが、水浅葱のように緑みを含まず、またそれよりも淡い色である。

174. 深川鼠 ふかがわねずみ　湊鼠 みなとねずみ

Aqua Gray: A gray-aqua mixture.

「深川鼠」は江戸時代に江戸・深川の木場(きば)のいなせな若衆や、芸妓連が着はじめたところからこの色名がある。また「湊鼠」は大坂の湊村でつくられていた、壁や襖の腰貼りなどに使われた湊紙に似ている鼠色だという。藍の薄染は緑がかった青になり、浅葱色というが、この浅葱の色みをさらにおさえた色であり、しゃれた粋(いき)な感じの色になる。「粋」は、幕府の禁制に対しての諦(あきら)めや抵抗を経験した江戸町人にして、はじめて到達した美意識である。

175. 錆浅葱 さびあさぎ

Light Saxe Blue: A dull blue-green.

「錆浅葱」は錆色がかったややくすんだ浅い緑青色をいう。錆を冠した色名は、その色より彩度の低いくすみや、沈みのある色をいう。江戸時代の文献には、「錆浅葱」の染色法や流行が見られない。その基調色である「浅葱」が江戸中期に流行していることから、この時に錆浅葱も共に流行したのではないかと思われる。

176. 水色 みずいろ

Pale Aqua: A pale sky blue.

純粋な水は無色透明だが、海や湖や河川の水は青く見えるので、明るい青のことを「水色」という。「水浅葱」をやや淡く藍がからせた染色をいう。『万葉集』の時代には、水色は「水縹（みずはなだ）」と呼ばれていて、竹取の翁の作とされる華麗な長歌があり、その中に「水縹の絹の帯を引帯（ひきおび）なす」（巻十六）という一節がある。平安時代の散文には、水色と水縹の両方が使われ、中世になると水色が主流になり、そのまま現代に至ったようである。

富嶽三十六景 信州諏訪湖

177. 浅葱色 あさぎいろ

Turquoise Blue: The blue-green of turquoises.

浅い葱の色に似ているところから浅葱といわれ、藍染の薄い青色の代表的な色名である。『延喜式』では、「深黄」に次ぐ「浅黄」があって、この時代の浅黄は黄の薄い色のことであったが、のちに浅黄も黄色という意味が失われて浅葱と混用されている。江戸時代、田舎侍が浅葱木綿の裏地をつけた羽織を着ていたので、当時の吉原遊廓では彼らを「野暮な侍」という意味で、「浅葱裏」と呼んでからかった。

178. 御納戸色 おなんどいろ

Tapestry Blue: A dark blue with a hint of gray.

納戸とは衣服や調度などを納めておく部屋のことだが、色名の由来にはさまざまな説がある。その納戸に出入りした役人の服の色。納戸にかかっている幕の色。藍染を一度にまとめて染めて納戸に貯蔵していたことからその藍の色のこと、などである。また納戸の中のほの暗いイメージからきたという説もある。この「御納戸色」は、着物の色として、明治・大正の頃まで流行するが、その色の範囲もだんだん広がって、濃い藍染の色全般にわたるようになった。

179. 藍色 あいいろ

Marine Blue: The deep indigo blue of Marine Corps uniforms.

「藍色」は藍の単一染ではなく、藍と黄蘗をかけて染めているので、深い青緑をいう。藍色の濃度はすべて藍で染めた後、黄色染料の黄蘗をかけて染め重ねられ、濃い順に「深藍色」、「中藍色」、「浅藍色」、「白藍色」と呼ばれる。藍色は爽やかで清潔感のある色として、江戸時代から庶民の仕事着や浴衣、風呂敷や暖簾などに染められ愛用された。明治以降は藍色は紫みよりの深青色をさす場合があった。

180. 新橋色 しんばしいろ　金春色 こんぱるいろ

Cerulean Blue: A vivid sky blue.

この色は東京・新橋の金春新道に置屋のあった芸者が好んで使ったので「新橋色」または「金春色」といった。明治になって藍染の浅葱系統にはない、化学染料で染めた明るい青緑色は、その眼を射るような新奇さが喜ばれて、版画や絵画によく使われた。新橋芸者のハイカラに対して、深川芸者の江戸情趣を表現した色名に「深川鼠」という緑みの鼠色がある。

130

181. 錆御納戸 さびおなんど

Goblin Blue: A dull blue green.

「錆御納戸」は灰みの御納戸のことで、暗い灰みを含んだ落ち着きのある青色をいう。 錆という形容は、「わび、さび」という意味も兼ねて、古びてくすんだ色の表現に使われる。錆御納戸の色調は一見地味ではあるが、静謐さを備えたクールな感じで、「粋」好みの江戸っ子に受けそうな色である。

182. 鉄御納戸 てつおなんど

Electric Blue: A vivid blue with a hint of green.

鉄色を帯びた御納戸色のことで、暗い緑みの青をいう。「鉄御納戸」の染色法は『染物早指南』(嘉永6年・1853)に「下ぞめ空色、やしや、水、等分、丸かね、色つけ、酢」とある。また色名は江戸中期頃の『吉井藤吉染見本帳』や後期頃の『大澤善七染見本帳』、明治初期の染見本帳にもよく見られる。江戸時代の常用色として用いられたようだが、流行の記事は見当たらない。

183. 花浅葱 はなあさぎ

Saxev Blue: A cobalt blue associated with the region of Germany known as Saxony.

花色がかった浅葱色のことで、鮮やかな青色をいう。花色は藍の単一染による青色のことで、鴨頭草(露草)の青い花汁を用いて摺染したことに由来する。

184. 藍鼠 あいねずみ

Smoke Blue: The gray-blue of smoke.

藍色がかった鼠色で、灰みの渋い青色である。より青みが強い暗い色調を「紺鼠」という。鼠色は茶色と共に江戸中期頃からの流行色で、「何々鼠」と称する色名が限りなく生み出され、「四十八茶百鼠」といわれるようにその数は百を下らない。「素鼠」、「茶鼠」、「白鼠」をはじめ、「深川鼠」、「鴨川鼠」など地名にちなむもの、「利休鼠」、「源氏鼠」、「小町鼠」など人物にちなむものなど、多くの色名が生まれた。

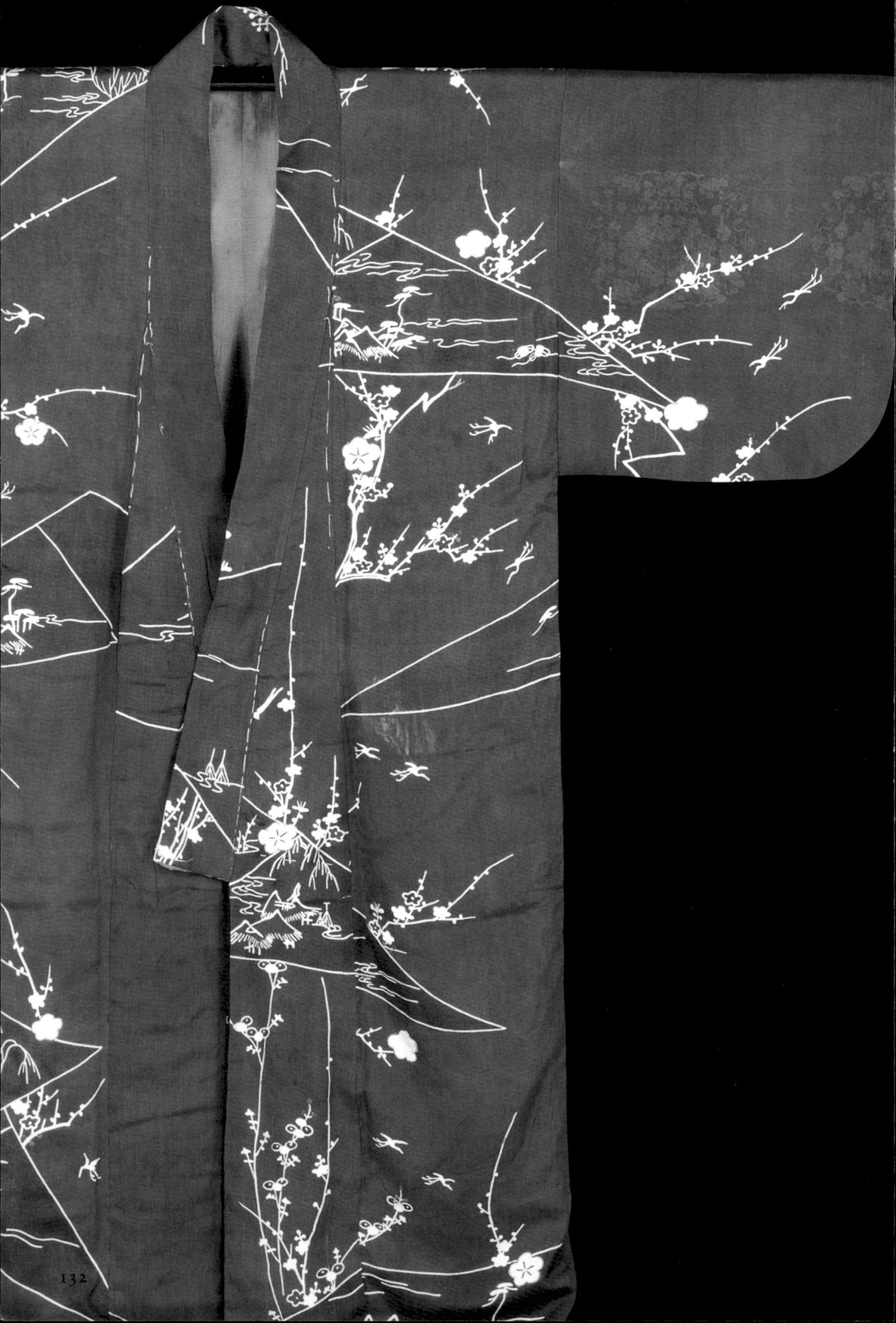

185. 舛花色 ますはないろ

Smoke Blue: A dull blue.

江戸の人気役者、五世市川団十郎（俳名・白猿、1741〜1806）が好んで用いた色で、花色より少し淡い灰みの色をいう。市川家の家紋が大・中・小の舛形を入れ込んだ三舛形（みます）であり、この舛と花色をあわせた色名で「舛花色」と呼ばれた。五世団十郎の芸風は敵役（かたきやく）を得意としたが、のち実事（じつごと）や侠客、女形（おやま）まで演じた。また文芸を好み、多くの文人との交遊があり、蜀山人（しょくさんじん）こと大田南畝（おおたなんぽ）（1749〜1823）は彼の贔屓（ひいき）筋であったという。

186. 空色 そらいろ

Sky Blue: The blue of a clear sky.

「空色」は晴れた空のような明るい青色をさす。藍による下染の色の一つとしてもあげられ、「中色（なかいろ）」ともいって花色と浅葱の間の色調である。井原西鶴の『好色一代男』に「春めきて空色の御はだつき、中にはかば繻子（しゅす）にこぼれ梅ちらし」と見られるように、色名は江戸時代から使われている。元禄を中心に好まれた色で、武家の熨斗目や男物の裏地、肌着にまでに用いられた。

187. 熨斗目花色 のしめはないろ

Oriental Blue: A deep grayed blue.

『手鑑模様節用（てかがみもようせつよう）』には「舛花（ますはな）いろ 三舛所好の色、濃きをのしめ花色と云ふ」と書いてある。三升は市川団十郎の家紋で、舛花色の色名は五世団十郎が好んだ薄花色のこと。それよりも濃い藍染の色を「熨斗目花色」といっている。熨斗目は経（たて）を生糸（きいと）、緯（よこ）を半練糸（はんねりいと）を用いた先染の平織で、縞や格子などに織り出した。後にこれで仕立てられた小袖をいうようになり、江戸時代では士分以上の礼服として麻裃（かみしも）の下に必ず着用した。熨斗目の色から出た染色は、「熨斗目空色」、「熨斗目浅葱」、「熨斗目納戸」、「熨斗目紺青（こんじょう）」などがある。

188. 千草色 ちぐさいろ

Azure Blue: The blue of a perfectly clear sky.

千草は鴨頭草（つきくさ）から転訛した名で露草のことである。その名からきた「千草色」は花色のような、明るい青色をいう。藍染による浅葱色と花色の間の色調で、江戸で「空色」、京で「千草」と呼ぶとある。厳密には空色は千草色より少し明るく、かすかに紫みを含んだ色である。小袖雛形の地色にも見受けられるが、多くは重ね染の下地色として用いられる。江戸時代、丁稚（でっち）の股引（ももひき）などの庶民の日常着に愛用された。

189. 御召御納戸 おめしおなんど

Slate Blue: The gray-blue of slate.

「御召縮緬の御納戸」の意味で、渋みのある青色をいう。「御召」は「着ること」の敬語で、11代将軍家斉が高級縮緬を愛用したことからその類の呼び名になった。また「納戸」は衣類や調度類を納めておく部屋のことで、暗い処の意味からつけられた言葉である。御召を冠する染色には他に「御召茶」、「御召鉄」がある。

190. 縹 はなだ　花田 はなだ

Sapphire Blue: The blue of sapphires.

鴨頭草（露草）の花が一面に咲いた花の田を意味し、「花田」とも書く。中国の青色の色名である「縹」が移入されそのまま用いられた。藍の単一染で純正な青色をいう。現在では藍染の色は薄い方から、浅葱、縹、藍、紺と呼ぶのが一般的である。江戸時代には縹に染めた花色小袖があった。これは大名が重陽（ちょうよう）（菊の節句）の祝儀に江戸城へ登城するときに着用された。

191. 勿忘草色 わすれなぐさいろ

Forget-me-not blue: A clear, medium blue.

勿忘草は初夏に薄い青色の小花をつける、ヨーロッパ原産のムラサキ科の多年草で、姫ムラサキ、瑠璃草（るりくさ）とも呼ばれる。「勿忘草色」はその花の薄い青色をいう。勿忘草の花の色について上田敏は、英語の「Forget-me-not」を勿忘草と訳し、『海潮音』（明治38年・1905）に「ながれの岸のひともとはみ空の色の水浅葱（みずあさぎ）」と詩（うた）い、この「み空の色」とは聖母の衣の色を意味した。

192. 群青色 ぐんじょういろ

Ultramarine: The color of the blue pigment made from powdered lapis lazuli.

青い鉱石と呼ばれる瑠璃（るり）は、南方から日本に渡来して、「群青色」の原料として珍重された。西洋ではラテン語で青い石を意味するラピス・ラズリが瑠璃のことで、この石が海のかなたから渡来したことから、舶来の意味でウルトラマリンと呼ばれた。安土桃山（あづちももやま）美術の金碧障屛画（きんぺきしょうへきが）には、金箔の上に緑青（ろくしょう）の緑とともに惜しみなく彩色されて、水や波を表現した豪華な作品がある。日本画の海や水流の表現には欠かせない岩絵具の青である。

193. 露草色 つゆくさいろ

Cobalt Blue: A sky blue named for a pigment of cobalt oxide and alumina.

夏の早朝に咲く露草の青い花の色をいう。ツユクサ科の一年草で、日本各地の道端や小川のふちに群生する。露草の花や葉の汁で布を摺染したことから、古名を「ツキクサ」といい、「着草」、「月草」、「鴨頭草」とも書かれる。万葉以前には摺染に、その後は脱色が簡単なことから、友禅や紋染の下絵に現在も用いられている。「つき草に衣はすらむ朝露に ぬれてむ後はうつろひぬとも」（『万葉集』巻七）。

194. 黒橡 くろつるばみ

Midnight Blue: Blue black.

橡はブナ科コナラ属の櫟の古い名前で、その実の団栗の梂の煎汁を染料として、鉄分を含んだ液で媒染した紺黒色を「黒橡」という。媒染なしでは黄みの白茶となり「黄橡」と呼ばれる。黒はもともと物体の黒色とは関係なく、暗いことを表わす抽象的な名称である。古代の『衣服令』では奈良時代頃までは一般に身分の低い者が着る色とされたが、一条天皇の寛弘（1004）以降は四位以上の袍の色とされた。橡衣は橡墨衣とも呼ばれ、僧衣や喪服として用いられた。

195. 紺 こん

Navy Blue: The deep blue of British navy uniforms.

藍染のもっとも濃い色であり『延喜式』の「深縹」に相当する。中国の黒に近い色の色名である「紺」の字があてられた。紺色は大衆的な常用色として広く定着し、紺の染物屋のことを室町末期までは「紺掻」といい、江戸時代には「紺屋」と呼んだ。一般的に藍染は濃くなるほど紫みになるが、紫みの強い紺色を「紫紺」あるいは「茄子紺」といい、反対に緑みの紺色を「鉄紺」といった。

196. 褐色 かちいろ　かちんいろ

Indigo: A dark blue produced by dyeing with indigo.

藍の葉を搗いて染料をつくったことや、あるいは濃くしみ込ませるために「搗つ」ことから、「搗色」、「褐色」、「勝色」と呼ばれる。紺よりもさらに濃い、黒色に見えるほどの藍色をいう。藍染の質実剛健さと、「かち」に「勝」の字をあてて勝色とし、武将たちは縁起を担いで武具の革や布帛を染めたため、「褐色威」や「褐色の直垂」などの表記が軍記物語などによく見られる。今日、褐色と呼んでいるのは赤茶系統の色で、藍の褐色とは異なる色である。

197. 瑠璃色 るりいろ

Lapis Lazuli: The soft, slightly purplish blue associated with the semi-precious stone.

瑠璃は仏教の七宝の一つに数えられている玉石で、その名に由来する「瑠璃色」は紫みの冴えた青色をいう。スペルシャを中心に産し、洋色をラピス・ラズリといい、顔料のウルトラマリンの原鉱石でもある。陶磁でも「瑠璃釉」があり、長石釉に少量の酸化コバルトを加えると鮮やかな青色に発色する。中国元代の景徳鎮で焼かれ、日本でも伊万里焼の磁器に用いられた。

198. 瑠璃紺 るりこん

Royal Blue: A rich purplish blue associated with the British royal family.

瑠璃色がかった紺色の意味で、深い紫みの青色をいう。「紺瑠璃」ともいう。喜田川守貞編による随筆集『守貞漫稿』(1837〜53) には「藍染の物は不易也。紺縹浅葱等也。紺も近年は蒸紺と云て予め紺に染て湯気を似て蒸之。則瑠璃紺に贋る也」と書かれていて、あらかじめ紺に染めたものを蒸気で蒸し、やや明るく派手に染めたものと思われる。「瑠璃紺」は仏の髪や仏国土などの色として経典にも見られる。

199. 紅碧 べにみどり　紅掛空色 べにかけそらいろ

Salvia Blue: The purplish blue of salvia flowers.

かすかに赤を含んだ薄めの青紫色をいう。「碧」は「碧玉」(緑の宝石)、「碧天」(あおい空) などの色彩の形容に用いられるが、ここでは、「空色」を表わす。また「紅掛空色」の色名は、空色の上に紅色を染め重ねる染色法からきたものである。このように二つの染料をかけ合わせたものに、「二藍」や「紅掛花色」がある。

200. 藤鼠 ふじねずみ

Lavender Gray: Gray with a hint of pale purple.

薄い紫の藤色を鼠がからせた、落ち着いたやわらかみのある青みの紫をいう。染色法は『染物早指南』(嘉永6年・1853) に「蘇芳水等分、唐藍少々、鉄漿ポッチリ、もも皮少々、石灰水へ入る」とある。江戸時代以降、婦人の和服の地色として好まれ、明治の中頃から大正にかけてたびたび流行した。明治27年頃には「新駒色」と呼ばれて、流行衣裳の雑誌「都の華」に紹介された。

201. 鉄紺色 てつこんいろ

Steel Grey: A gray with the dark bluish hue of steel.

「鉄紺色」は鉄色がかった紺色で、鋼鉄のような暗い青みの灰色をいう。また「紺鉄」、「藍鉄」ともいわれる。金を「こがね」、銀を「しろがね」、銅を「あかがね」というのに対して、鉄は「くろがね」と呼ばれる。「鉄色」は鉄の焼肌の色とも、陶器に用いる絵具の一種である呉須に含まれる鉄分の色ともいわれる。染色は藍で下染したうえに、橡を染め重ねたあと、鉄漿で発色させて黒みを加える。

202. 紺青色 こんじょういろ

Prussian Blue: A deep blue produced with ferric ferrocynide.

紺青は群青と同じくアズライト（藍銅鉱）を原料とする顔料で、古く中国より渡来した。なかでも色が濃く結晶して、冴えた紫みの青色を「紺青色」と呼んでいる。また天然に産するものを「石紺青」、人造ものを「花紺青」といい、区別している。明治に入るとこの系統の冴えた紫みの青色は、合成染料で染め出され、「伯林青」（ベルリン・ブルーが訛ってべれんすとよばれる）、「プルシャン・ブルー」、「インク・ブルー」が紺青に対応している。

203. 紅掛花色 べにかけはないろ

Gentian Blue: The soft, purplish blue of gentian flowers.

花色の下染に紅を染め重ねた色で、あでやかな青紫色をいう。『手鑑模様節用』の色譜には「紅かけ花いろ。古、薄ふたあい」と書かれていて、色調としては「二藍」の系統になる。紅掛がつく色名としては「紅掛空色」や「紅掛納戸」（紅みをおびた納戸）がある。これらの色調は濃淡や色みに多少のちがいはあるが、青紫系統のクールで粋な色である。

204. 紺桔梗 こんききょう

Victoria Violet: A deep purple.

「桔梗色」を紺がからせた濃い青紫色をいう。『手鑑模様節用』の色譜にある「紺桔梗」では「赤みかちたるをこん藤いろといふ」と書かれている。また染色法は下染を紺色にし、その上に蘇芳または紅花を用いて紫みがからせたと思われる。桔梗は平安時代から使われた色名で、後代の人たちになじみのある「紺桔梗」、「紅桔梗」や、「桔梗納戸」、「桔梗紫」のような修飾語としても使われた。

205. 藤色 ふじいろ

Wisteria: The purple of wisteria blossoms.

藤の花の色からきた色名で、紫の薄色として古くから使われている。紫のもつ高貴さをよりソフトにした「藤色」は、各時代を通じて婦人の服色として好まれた色であり、藤原家ゆかりの花とされるように、武将にとっても憧れの色であったにちがいない。明治以降になっても、合成染料モーブによって染め出された、「大正藤」とか「小町藤」というような色名も現れた。藤色の染色法は、澄んだ色を出すために蓼藍と紅花をかけ合わせてわずかに青みの紫が用いられた。

206. 二藍 ふたあい

Aster: A dull bluish-purple.

紅花と藍で染める染色法から「二藍」といい、紅花は紅藍花ともいい、呉藍ともいうので二種類の藍を使った色の意味もある。「二藍」は、藍に紅花の赤が交染されて、にぶい青みの紫色をいう。『栄花物語』や『蜻蛉日記』など、平安時代の文学によく出てくる色名である。二藍の濃淡によって「濃二藍」、「薄二藍」の区別があり、『枕草子』には「夏などいとあつきにも、かたびらいとあざやかにて、薄二藍、青鈍の指貫など、ふみちらしてゐためり」など出てくる。

207. 楝色 おうちいろ

Helitrope: A pink-purple, midway between violet and magenta.

楝の木の花のような薄い青紫色をいう。楝は栴檀の古名で、古くから親しまれてきたセンダン科の落葉高木。端午の節句の頃に花が咲くので、平安時代にはショウブやヨモギと共に飾られた。平安朝の襲の色目では、表が紫あるいは薄色、裏が薄紫で、夏に用いる色とされていた。

208. 藤紫 ふじむらさき

Mauve: The color of the first aniline die, a pale grayed pink-lilac.

美しく咲き誇る藤の花房のような藤色を、少し濃く青みがからせた色である。明治から大正にかけて「藤紫」という呼び方が流行ったが、現在ではこの系統の色も単に藤色と呼ばれている。藤紫は化学染料らしい鮮明でやや青みがちな色合いが特徴で、それが近代的で知性を求めたハイカラ好みの人たちに人気があった。よく使われた色名に、「薄藤」、「紅藤」、「若藤」、「小町藤」、「青藤」、「大正藤」などがあり、藤のつく名の色が次々とつくられ流行した。

209. 桔梗色 ききょういろ

Bell Flower: A bluish-violet.

青紫系の色には花の色からきた色名が昔から多く、「菖蒲色」、「杜若色」、「龍胆色」、「菫色」などがある。桔梗の花色からきた色名で、冴えた青紫をいう。「桔梗色」は古くは「きかういろ」、「きちかう」ともいい、平安朝の頃より使われた色名。また、縹色の冴えた色という意味から「桔梗花色」という呼び方も桔梗色と同じように用いられた。襲の色目の「桔梗」は、表が二藍か薄紫、裏は薄青だが、ほかにも表裏とも縹か深縹など、いくつかの配色がある。

210. 紫苑色 しおんいろ

Heliotrope: A light pinkish-purple.

紫苑は2メートルほどに丈の高くなるキク科の多年草で、秋には薄紫色の美しい花が開く。色名はその花の色からきていて、古名を「のし」といい、平安時代には「しおに」ともいった。また色名が優美なひびきなので女流文学にもよく現れる。『宇津保物語』には「御つかひにしほんいろの綾の細長、袴一具かづけたまふ」、『源氏物語』（須磨）には「白き綾のなよよかなる、しをんいろなどたてまつりて」、また『枕草子』には「八九人ばかり、朽葉の唐衣、薄色の裳に、しおん、萩など、をかしうて居並みたりつるかな」などの表記がある。

211. 滅紫 めっし　けしむらさき

Skark: A deep gray with a hint of purple.

灰みのある暗い紫色をいう。紫草の根（紫根）による染色は、低温で染める「紫」や「葡萄」のきれいな紫色が現われるが、高温になるにつれ紫みが失われ、灰色がかった暗い紫色になる。「滅」は、「けし」とも読み、赤みや紫みなどの色がとれて、黒みのくすんだ色になるという意味で、「滅紫」もけし紫とも読まれる。『延喜式・縫殿寮』では、深滅紫・中滅紫・浅滅紫に分けていて、滅紫の色調は「綾一疋に、紫草八斤、酢八合、灰八斗、薪九十斤」程度の中滅紫である。

212. 薄色 うすいろ

Pale Lilac: The pale purple of lilacs.

薄色といえば、一般的に淡い色をさすが、色名の「薄色」は淡い紫色をいう。また濃い紫を「濃色」といい、中間の色は「半色」、灰みによった色を「滅紫」といった。『源氏物語』（夕顔）に「白き袷、うす色の、なよよかなるを重ねて、晴れやかならぬ姿」をはじめ、「薄色」は平安朝の文学に、この色の装束を記したものが多く見られる。

213. 半色 はしたいろ

Crocus: The pale purple of crocus flowers.

「半」というのは中間の意味で、「端」とも書いた。紫根で染めた「濃き」と「薄き」の間の色をいい、紫の中間の色をいう。また禁色の代表格であった紫や紅の濃淡の中間にあって、それらの名前では呼べない色のことである。禁色と禁色との中間の色や、禁色と許色との中間に属する色も「半色」といって使用が許された。織色では、織り糸が経、緯とも薄紫の織りが半色。また襲の色目では、薄紫と濃紫を表裏とする色が半色である。

214. 江戸紫 えどむらさき

Royal Purple: A reddish purple.

伝統的な紫根染による京染に対し、当時常用されていた蘇芳で染められた紫を「江戸紫」と呼んだ。また歌舞伎十八番の『助六由縁江戸桜』の中で、侠客の花江戸の助六が頭に締める病鉢巻の色が「江戸紫」で、江戸好み、つまり粋の美意識から青みがちの紫をいう。さびた赤みの京紫系の紫を「古代紫」というのに対し、江戸紫の冴えた青みの紫は「今紫」ともいわれる。

215. 紫紺 しこん

Pansy: The deep violet of pansy petals.

紺色がかった濃い紫色をいう。紫草の根で染めた色であったことから「紫根」と書かれた。「紫紺」は明治以降に使われた色名である。紫根と同類の色に、濃い茄子の実の色にたとえて、「茄子紺」がある。この色名は大正時代に流行したものである。現代では「紫紺の優勝旗」といわれるように優勝旗の色に用いられている。

216. 深紫 こきむらさき　ふかむらさき

Deep Royal Purple: A deep reddish purple.

「深紫」は紫草の根（紫根）によって何度も繰り返し染めた、黒みがかった深い紫色をいう。推古天皇11年（603）、聖徳太子が制定した冠位十二階の制において、最上位の地位を象徴する色には、常に紫が選ばれてきた。親王、内親王をはじめ、臣下の一位の公式の服色は「黒紫」または「深紫」であった。また、二位、三位の朝服は「浅紫」とされていた。『延喜式・縫殿寮』では、深紫は「綾一疋に、紫草三十斤、酢二升、灰二石、薪三百六十斤」、浅紫は「紫草五斤、酢二升、灰五斗、薪六十斤」とあり、深紫は浅紫の6倍の原料を用いた。

217. 菫色 すみれいろ

Violet: The color of violet blossoms;
the name Newton gave to the purple end of the visible spectrum.

菫の花の色からとられた色名だが、いまは鮮やかな青紫、青みの紫をさす色名となっている。菫は『万葉集』の時代から親しまれた花で、名前の由来は、その花の形が大工道具の墨入れ（墨壺）に似ているところからきているといわれる。明治・大正期の菫色は、合成染料で出された鮮やかなもので、当時のハイカラ趣味からバイオレットの洋色名で呼ばれた。

218. 紫 むらさき

Purple: A mixture of red and blue, with many hues, including lavender and lilac; the unmodified term usually refers to a reddish purple.

「紫」の語源は、紫草という植物が群れをなして咲いているさまから、「叢咲き」（むらさき）という語が生まれたといわれる。紫根と灰汁と酢による低温染の濃艶な紫色をいう。古くから紫は色の代表として扱われ、濃色・薄色といえば紫色の濃淡をさした。また染色法もきわめて難しく、濃く染めるほど高価となり、古代では冠位の最上位の禁色とされた。古典文学の代表作品『源氏物語』は「紫の物語」ともいわれ、紫は高貴にして優雅な色とされた。

219. 菖蒲色 あやめいろ

Iris: The soft reddish-purple of Japanese irises.

「菖蒲」と書いて「あやめ」とも「しょうぶ」とも読むが、色名はあやめの花の冴えた赤みの紫色をいう。あやめとしょうぶは別の植物で、端午の節句に軒に挿したり、菖蒲湯にするのが「しょうぶ」で、紫色の花をつけるのが「あやめ」。和名はその葉に美しい文目があることからきている。『手鑑模様節用』に「あゐかちたるをききやうといふ、赤みかちたるを、あやめ、となふ」と書かれているので、「菖蒲色」が赤みのある紫系の色として現れるのは、江戸の後期になってからのようだ。

220. 藤煤竹 ふじすすたけ

Prune: A deep gray with a touch of purple.

藤色がかった媒竹色のことで、赤みの暗い灰紫色をいう。「藤媒竹」の染色は、小袖雛形本『源氏ひなかた』（貞享4年・1687）の小袖の地色のなかにあるので、江戸後期から行われた染色である。その色調は『手鑑模様節用』の色譜に「藤すす竹。紅けし鼠の紅を梅にかへて染めたる色也」と記している。媒竹がつく色名は「洒落媒竹」をはじめ約20種があり、それらの多くは江戸前期の末頃（元禄～宝永）の色見本や雛形本に出てくる。

221. 紅藤 べにふじ

Lilac: A pale purple.

「紅藤」は赤みをおびた藤色のことで、赤みの淡い紫をいう。5月頃、よい香りとともに咲く、モクセイ科落葉高木のライラックの花のような色である。和装の色としては藤色は年配向き、紅藤は若者向きの色とされた。また紅をかけた藤色ということで、「紅掛藤(べにかけふじ)」、若者向きの藤色という意味から「若藤」という色名がある。

222. 黒紅 くろべに　黒紅梅 くろこうばい

Dusky Purple: A dark, blackish purple.

紅染を下地にしてその上に檳榔子(びんろうじ)で黒をかけた、赤みの黒とも、黒みの赤ともいわれる色である。普通、檳榔子のみでは濃い黒色は得られず、光沢のある潤(うる)み色が出ることから、「黒紅」は紫壇(したん)や紅木(こうき)のような赤みの紫黒であったと思われる。また「黒紅梅」とも、単に「黒」とも呼ばれ、寛文（1661～72）頃に小袖の地色に使われている。井原西鶴の『萬(よろず)の文反古(ふみはうぐ)』に「御内儀の昔小袖……黒紅に御所車の縫箔の小袖」と、豪華な小袖の地色に愛用されたことがうかがえる。

223. 茄子紺 なすこん

Eggplant: A brownish purple.

茄子の実の色のような暗い紫色をいう。この色名は江戸時代になってから使われるようになったといわれる。茄子はインドが原産の野菜で、中国を経て日本に伝わったのは8世紀。ヨーロッパに伝わったのは13世紀の頃である。熱帯から温帯にかけて広く栽培されており、夏から秋にかけて淡紫色の花が咲く。茄子は「中酸実(なかすみ)」の略である。

224. 葡萄鼠 ぶどうねずみえびねずみ

Plum Purple: The grayed purple of plums.

「葡萄」の色を鼠がからせた、にぶい赤紫をいう。「ぶどう」は古名で「えび」と呼ばれたことから、葡萄鼠も古名で「えびねずみ」とも呼ばれる。染刷毛(はけ)で染汁を引染することを「引く」というが、鼠を引いた葡萄色をいう意味から、「引葡萄(ひきぶどう)」の色名も葡萄鼠と同じように用いられる。

225. 鳩羽鼠 はとばねずみ

Lilac Hazy: A dull pale purple.

「鳩羽」の色名は、山鳩の背の羽色からきており、「鳩羽鼠」の色調は、薄い紫である藤色に鼠をかけた赤みの灰紫をいう。鳩の羽は玉虫色に輝くため、中世では天皇の御衣(ぎょい)である麴塵色(きくじんいろ)を「山鳩色」ともいった。また近世の山鳩色は土鳩の羽のような紫がかった色になり、「鳩羽紫」ともいわれた。江戸後期にはこの鳩羽紫を鼠がからせて、鳩羽鼠と呼ばれる赤みの灰紫の色が現れた。

226. 杜若 かきつばた　江戸紫 えどむらさき

Amethyst: A vivid reddish purple.

杜若の花の色からとられた色名で、赤みの強い紫をいう。『万葉集』(巻七)に、「住吉(すみのえ)の浅沢小野のかきつばた衣(きぬ)にすりつけ着む日知らずも」と詠まれているが、この花の汁を布にすりつけて染めたことから「掻付花(かきつけばな)」、また「描き付けをする花」であるところに由来するといわれている。襲(かさね)の色目(いろめ)では夏の色とされ、「表・二藍(ふたあい)、裏・萌黄(もえぎ)」、「表・萌黄、裏・淡紅梅」などがある。

227. 葡萄 えびぞめ

Amethyst Mauve: A grayed amethyst.

葡萄は現在では「ぶどう」と読むが、昔は「えび」と読んで葡萄葛をさした。「葡萄葛(えびかずら)」は山葡萄(やまぶどう)の古名で、古代のわが国に自生していた葡萄葛は実が小さく、暗紫色だったといわれる。『枕草子』に「女の表着は薄色、葡萄染、萌黄、桜、紅梅、すべて薄色の類」とあるので、赤みをおびた薄い紫色のことであろう。『延喜式』には「葡萄綾一疋。紫草三斤。酢一合。灰四升。薪卌斤」と書かれており、紫根で染め、酢で赤みの紫を出した。

228. 牡丹 ぼうたん　ぼたん

Peony Purple: A vivid reddish-purple.

牡丹の花の色からきた、藍(あい)と紅花(べにばな)で染めた鮮やかな赤紫の色をいう。古くは「ぼうたん」と読んでいた。牡丹は、中国において6世紀頃から、観賞用、薬用として愛(め)でられるようになり、「富貴の花」と形容された。この中国を代表する花にちなむ色名が日本に現れるのは室町時代からで、能装束などに使用された。「立てば芍薬(しゃくやく)、すわれば牡丹」と、美しい女性にたとえられるほど、人の心をつかんだ花であり、色である。

229. 梅紫 うめむらさき

Amaranth Purple: A deep reddish-purple.

「梅」は紅梅の紅色をさし、にぶい赤紫をいう。紅紫の染色の文献が江戸時代の染色書には見当たらないが、この色名と同じ梅のつく「梅鼠」が江戸末期から明治初期の染色見本帳に出てくることから、「梅紫」も比較的新しい色名ではないかと思われる。その色調は紅藤色をさらに紅色がからせたもので、染色法は淡い藍の下染に紅を重ねるのではないかと思われる。

230. 似紫 にせむらさき

Plum: A deep grayed purple.

紫草の根で染めた紫色を「本紫」というのに対し、藍で下染めをして茜や蘇芳を重ねたり、蘇芳を鉄で発色させた紫を、紫に似せた色ということで「似紫」と呼んだ。こうした似紫が盛んに行われるようになったのは、寛永20年（1643）以来、高価な本紫の使用が庶民に禁制となったからである。同様な理由で、紅梅色の代用染の「似桃色」や「似紅」も行われた。

231. 躑躅色 つつじいろ

Azalea Pink: The pinkish purple of azalea blossoms.

躑躅の花の色からきた色名で、紫みのある明るい赤い花びらの色をいう。躑躅はツツジ科ツツジ属の常緑または落葉低木。古くから庭園に栽培され園芸品種も非常に多い。春から夏にかけて、橙、紫、白、淡黄、赤と色とりどりの花を咲かせる。平安時代から使われている色名で、襲の色目にもなっており、季節は春、表が蘇芳、裏が青、表が紅梅、裏が青などが見られる。

232. 紫鳶 むらさきとび

Indian Purple: A purple with a hint of brown.

鳶色を基調にしたバリエ-ションに、「紅鳶」や「黒鳶」などがあり、「紫鳶」は蘇芳を主染料にして染めた紫褐色をいう。染色法は『染物早指南』（嘉永6年・1853）には「下染空色、蘇芳裏表三遍づつ、明ばん水、酸」とある。『反古染』によると、紫鳶は安永・天明（1772～88）の頃に、小袖や女性の衣服の裏地に愛用されたとのことである。

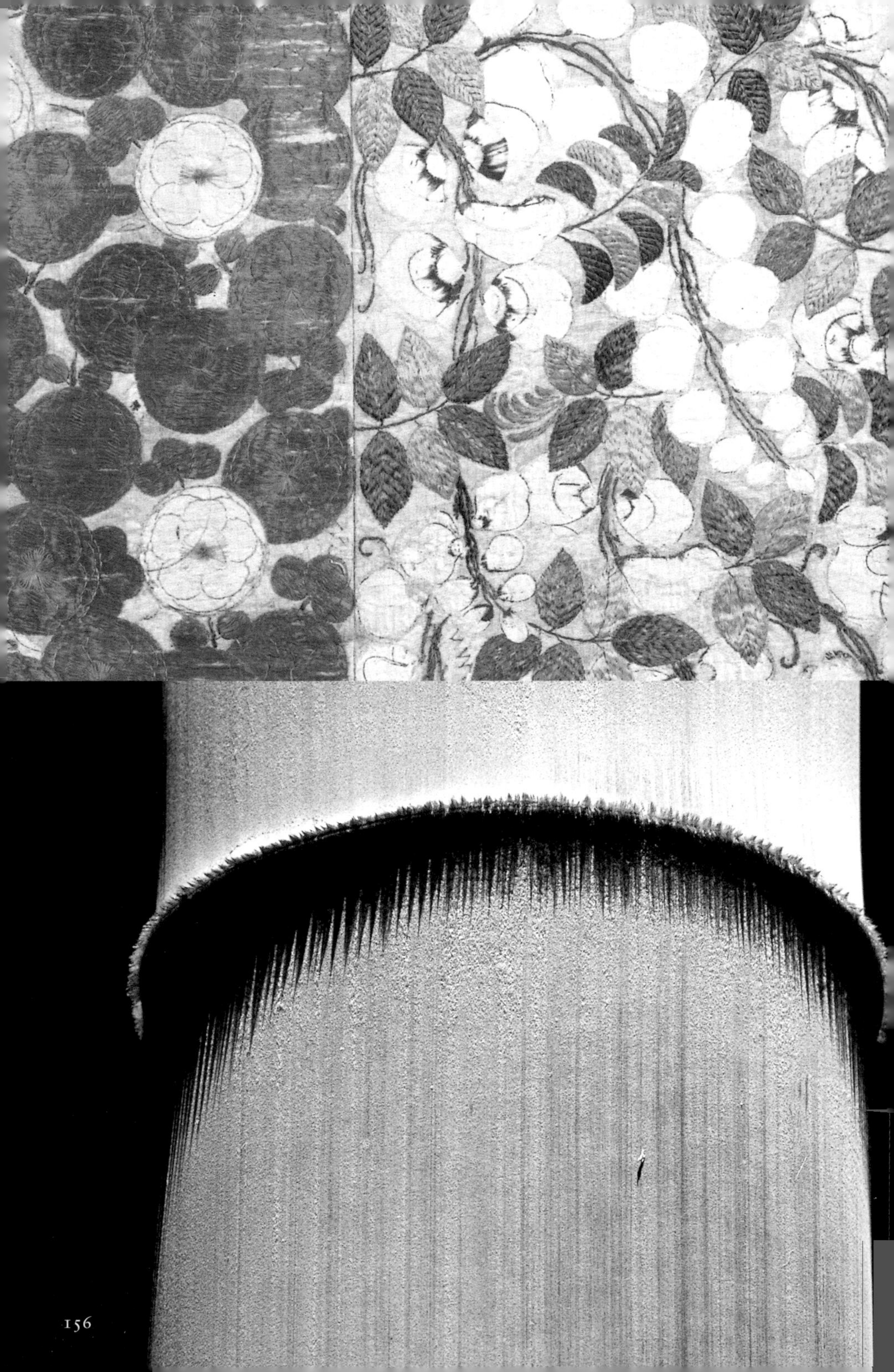

233. 白練 しろねり

Snow White: Pure white.

「白練」は生絹の黄みを消し去る精練法のことで、色名では白練した絹の白をいう。日本の色名で最古のものの一つが「白」である。また、「白・黒・赤・青」は文字に表わされた色の表現であるが、「真っ白・真っ黒・真っ赤・真っ青」など、色のもつイメージをも表わす表現をもっている。古代の日本人にとって、白は清浄無垢、潔白を表わし、神事に関係ある神聖な色として特別の存在だった。

234. 胡粉 ごふん

Chalk: White with a hint of yellow.

「胡粉」は白色顔料の一つで、イタボガキなどの貝殻を焼いて粉末状にしたもの。日本画の絵具として用い、下塗りをして発色をよくしたり、他の絵具と混ぜて色調を出すのに用いられた。奈良時代は真っ白な顔料は、錫を焼いてつくる鉛白や白土であった。湿度が高いと黒ずみ、人体にも有害であることから、鎌倉時代には現在の胡粉が用いられるようになった。

235. 白鼠 しろねずみ　銀色 しろがねいろ

Pearl Gray: A pale, warm gray.

「白鼠」は銀の色のような明るい鼠色で、「しろがねいろ」ともいう。その明るさは、「墨は五彩を兼ねる」という言葉から、墨の諧調を5つの段階で表わした「墨の五彩」がある。濃い方から、焦・濃・重・淡・清の順で、一番淡い「清」にあたる。また無彩色の鼠色の染色はこの白鼠をはじめ、「銀鼠」(錫鼠)、「素鼠」、「丼鼠」、「墨色」の5つに呼び分けられている。

236. 銀鼠 ぎんねずみ　錫色 すずいろ

Silver Gray: A silvery gray.

「銀鼠」は銀色のような鼠色という意味で、無彩色の明るい色をいう。銀色は「しろがねいろ」ともいうように白の範囲に入り、銀鼠は白に近い灰色である。「白鼠」より少し暗く、「墨の五彩」の「淡」にあたる鼠色で、錫の色に似ているところから「錫色」とも呼ばれる。『手鑑模様節用』の色譜に、「錫色。又当世ぎん鼠といふ」とある。また「薄雲鼠」、「絹鼠」、「銀灰色」といった色名も同様の色である。

鳥羽画の仟六
児鼠
豊国画
横川彫竹

237. 鉛色 なまりいろ

Lead Gray: A medium gray.

鉛の色のような、青みがかった灰色をいう。「鉛色の空」や「鉛色の海」など、鉛の暗く重い印象から、今にも降りだしそうな重苦しい空模様の表現や、暗い海の情景などに使われる。

238. 灰色 はいいろ

Ash Gray: A medium gray.

白と黒の間にある無彩色の基本色を「灰色」と定めているが、色名として定着するのは明治以降のことである。木や藁(わら)などが完全に燃焼したあとに残った灰の薄い黒色を「灰色」という。

239. 素鼠 すねずみ

Mouse Gray: Medium gray.

鼠色は鼠の毛皮のような色とされるが、「素鼠」は色みを含まない、まじりけのない鼠色という意味である。その明るさは、「墨の五彩」の「重(じゅう)」にあたる中明度の色調をいう。鼠色は普通、「灰色」と同色視されるが、厳密には鼠は青みを、灰色は黄みを含む無彩色系の色とされている。俗に「四十八茶百鼠」といわれ、鼠色は茶と共に江戸時代の流行色の一方の花形だった。なかでも「素鼠」は多種多様な鼠色の代表的な色でもある。

240. 利休鼠 りきゅうねずみ

Celadon Gray: A gray with a hint of celadon.

茶人の千利休(せんのりきゅう)好みの洗練された色調としてこの色名がある。茶道では葉茶の色を利休と呼んでいて、「利休鼠」は緑みの灰色系の色をいう。江戸時代に富める町人たちは幕府の奢侈(しゃし)禁止令のため、茶や黒、鼠系統の地味な色合の縞や格子、小紋染の着物を着るようになっていった。そこでその微妙な色相の変化を楽しんだ。その数は俗に「四十八茶百鼠」と呼ばれるように、茶色は四十八、鼠は百もの色があったという。その中で、現在でも最もよく知られている色名が「利休鼠」である。北原白秋の「城ヶ島の雨」に「利休鼠の雨が降る」と歌われて、広く知られるようになった。

241. 鈍色 にびいろ

Olive Gray: Gray with a hint of olive green.

「鈍色」は平安時代から使われた色名で、橡色などと同じく、無彩色系のにぶい鼠色に用いられた色である。墨色の淡いものから濃いものまであり、近しい人に不幸があったときに喪に服する気持ちをこめて着用した色である。後世になると、鉄色のさびたような色として、墨染に薄く藍をかけた青みの鼠色をさすようになった。

242. 青鈍 あおにび

Steel Gray: A greenish-gray.

「鈍色」に藍を淡く重ねた、青みの暗い灰色をいう。平安時代には近親者が亡くなった場合には鈍色や「青鈍」の衣裳を着て、喪に服していることを表わした。青鈍の色名は『宇津保物語』の「あおにびのさしぬき」、『源氏物語』の「青鈍の細長」、「あおにびの紙」などと平安文学には多く現れる。ところが江戸時代になると、鈍色系統の色は鼠系統の色名で呼ばれるようになる。

243. 丼鼠 どぶねずみ　溝鼠 どぶねずみ

Dove Gray: A dark gray.

「素鼠」よりやや濃い鼠色をいい、「墨の五彩」の中の「濃」にあたる。「どぶ」の字は「溝」であるが「丼」の字が多く用いられるのは、イメージがよいからであろう。『吉井籐吉染見本帳』をはじめ、江戸中期頃の染見本帳に「丼鼠」の色名が見られることから、この頃の常用色であったと思われる。

244. 紅消鼠 べにけしねずみ

Black Berry: The dark purple of blackberries.

「紅消鼠」は紅の匂いを消した鼠色の意味で、紅の上に墨色を重ねたような、灰色みのある暗い赤紫色をいう。江戸時代、元禄を過ぎた頃より、幕府の禁令にそむくことなく、粋なお洒落として、茶、黒系の色を基調とした、縞、格子、小紋などの着物が好まれた。「紅消鼠」も「四十八茶百鼠」といわれる百鼠の色名に見ることができる。

245. 藍墨茶 あいすみちゃ

Dark Slate: A dark gray with a hint of blue.

藍みをおびた墨色で、「藍墨」は当て字で、「相済茶」とも書かれる。名前の由来は『手鑑模様節用（てかがみもようせつよう）』によると、「昔、根津権現の祭りの時に、浅草で三右衛門とか助七などという連中が喧嘩をし、その仲直りができた祝儀のしるしに、同じ色を染めさせて揃って着用した」ことから、一件落着という意味で、その色を「あいすみ茶」というようになったとのことである。

246. 檳榔子染 びんろうじぞめ

African Brown: Blackish brown.

「檳榔子染」は檳榔樹の実を染料として染めた黒褐色をいい、きわめて気品のある色である。別名「檳榔子黒」とも呼ばれる。『手鑑模様節用』の「くろ」の色譜に「上品をびんらうじそめといふ。下たそめあさぎなるを吉岡染という」と書かれている。檳榔樹はヤシ科の常緑高木で、マレーシア原産。東アジアの熱帯に広く栽培されている。果実は檳榔子といい、薬用、染色用に使われる。日本への渡来は古く、天平勝宝8年（756）の輸入記録がある。

247. 消炭色 けしずみいろ

Charcoal Gray: The blackish gray of charcoal.

「消炭色」は白い灰になる前の火を消した炭の色をいう。消炭のような色で、墨色ほど深い黒ではない。消炭は薪や炭などの火を消してつくる炭のこと。

248. 墨色 すみいろ　墨染 すみぞめ

Charcoal Gray: The grey-black of charcoal.

「墨色」は「墨の五彩」の「焦」にあたる黒色に近い灰黒色をいう。墨は古来中国では松を燃やしてできる松煙を原料とするために青みの黒になり、日本では菜種油煙を原料に、紅花を混ぜるので赤みの黒になった。墨染は僧侶の常服の色でもあり、その染色法は時代により違いはあるが、近世では藍の下染に、橡、檳榔子、五倍子などのタンニン質の鉄媒染により染められた。

249. 黒色 くろいろ

Lamp Black: True black; the darkest color.

一般的に「くろ」は、「黒紅梅」（黒紅）、「檳榔子染」や「墨染」などの暗い色を総称するが、正統の「黒」は純黒である。白が日本最古の色名である以上、その対極にある黒も同様に古い言葉である。平安時代では白樫柴の鉄媒染で染められ、紫・緋に代わって四位以上の服色となった。その後黒色は五倍子（ごばいし）の鉄媒染で染められるようになったが、江戸時代から、檳榔子、石榴（ざくろ）または楊梅皮（ももかわ）、五倍子、鉄漿（かね）を用いて入念に染められ、いわゆる「上黒」といわれるものになり、正式の小袖の色となった。

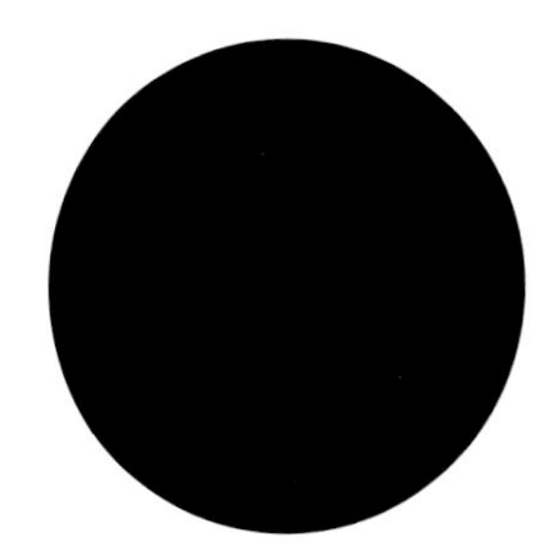

250. 呂色　蠟色 ろいろ

Ivory Black: Lacquer black.

黒漆（くろうるし）の濡れたような深く美しい黒色をいう。漆工芸の塗りの技法の一つである呂色塗からきた色名である。呂色塗は京漆の代表で、中でも本堅地（ほんかたじ）呂色塗は大変な工程と高い技術を要する。また表面を平滑に磨き上げる塗りだからこそ専門職の呂色師が存在する。生漆（きうるし）に油類を加えないで精製したものを塗ることで、色は黒色に近い深い光沢をもつ色になる。

日本の伝統色
解説

色彩索引

色彩解説

和洋色名一覧

写真図版一覧

色名索引

参考文献

色彩索引

Color Index

凡例

○色彩索引は、色見本・色名・マンセル値・色のYMCK値・色のRGB値の順で表記した。

○色見本はマンセルシステムに基づいて、色相順に、同色相では高明度の方から、同色相・同明度では高彩度の方から順に配列した。

○マンセル値の数値は、色相・明度・彩度の順に表記した。

○CMYK値はオフセット印刷で印刷した際のプロセスインク4色の網点パーセントを、C（シアン・藍）・M（マゼンタ・紅）・Y（イエロー・黄）・K（ブラック・墨）の順に表記した。

○RGB値はコンピュータで色を表現する際に用いられる表記で、R（赤）・G（緑）・B（青）の順に表記した。

○使用用紙は「シャモニーマットW・T76.5kg」、使用インキは大日本インキ化学工業株式会社「スペースカラーフュージョンG」を使用した。

1. 撫子色
なでしこいろ
5.5RP 7 / 6
C2 M43 Y3 K0
R220 G159 B180

2. 紅梅色
こうばいいろ
7.5RP 6 / 10
C0 M73 Y24 K0
R225 G107 B140

3. 蘇芳
すおう
7.5RP 3.5 / 8
C51 M93 Y58 K10
R142 G53 B74

4. 退紅
たいこう
10RP 8.5 / 4
C0 M31 Y9 K0
R248 G195 B205

5. 一斤染
いっこんぞめ
7.5RP 7.5 / 6
C0 M48 Y15 K0
R244 G167 B185

6. 桑染・桑の実色
くわぞめ・くわのみいろ
10RP 3 / 4
C69 M86 Y65 K35
R100 G54 B60

7. 桃色
ももいろ
7.5RP 7 / 8.5
C0 M55 Y19 K0
R245 G150 B170

8. 苺色
いちごいろ
10RP 4 / 10
C2 M70 Y38 K30
R181 G73 B91

9. 薄紅
うすべに
10RP 6.5 / 10
C0 M64 Y26 K0
R232 G122 B144

10. 今様色
いまよういろ
10RP 5 / 10
C0 M75 Y38 K20
R208 G90 B110

11 . 中紅
なかべに
7.5RP 5 / 12
C5 M83 Y40 K0
R219 G77 B109

12. 桜色
さくらいろ
10RP 9 / 2
C0 M17 Y6 K0
R254 G223 B225

13. 梅鼠
うめねずみ
5R 5.5 / 3
C48 M59 Y49 K0
R158 G122 B122

14. 韓紅花・深紅
からくれない・こきくれない
2.5R 4.5 / 14
C15 M98 Y61 K0
R208 G16 B76

15. 臙脂色
えんじいろ
2.5R 4 / 10
C42 M93 Y68 K6
R159 G53 B58

16. 紅
くれない・べに
3R 4 / 14
C0 M100 Y65 K10
R203 G27 B69

17. 鴇羽色・鴇色
ときはいろ・ときいろ
2.5R 7.5 / 6
C2 M45 Y27 K0
R238 G169 B169

18. 長春色
ちょうしゅんいろ
2.5R 5.5 / 7
C25 M70 Y53 K0
R191 G103 B102

19. 深緋・黒緋
こきあけ・くろあけ
2.5R 4 / 5
C54 M75 Y65 K14
R134 G71 B63

20. 桜鼠
さくらねずみ
2.5R 6.5 / 2
C34 M46 Y39 K0
R177 G150 B147

21. 甚三紅
じんざもみ
5R 6.5 / 10
C0 M65 Y46 K0
R235 G122 B119

22. 小豆色
あずきいろ
5R 3 / 6
C48 M78 Y66 K10
R149 G74 B69

23. 蘇芳香
すおうこう
5R 5 / 6
C42 M70 Y58 K1
R169 G99 B96

24. 赤紅
あかべに
5R 4.5 / 13
C15 M85 Y68 K0
R203 G64 B66

25. 真朱
しんしゅ
5R 3.5 / 10
C35 M85 Y70 K2
R171 G59 B58

26. 灰桜色
はいざくらいろ
5R 7.5 / 2
C2 M12 Y12 K10
R215 G196 B187

27. 栗梅
くりうめ
6.5R 4 / 7
C50 M78 Y68 K13
R144 G72 B64

28. 海老茶
えびちゃ
6R 3 / 4.5
C55 M77 Y68 K27
R115 G67 B56

29. 銀朱
ぎんしゅ
6R 4.5 / 12
C16 M86 Y70 K0
R199 G62 B58

30. 黒鳶
くろとび
7.5R 2 / 2
C71 M74 Y69 K41
R85 G66 B54

31. 紅鳶
べにとび
7.5R 4 / 8
C45 M82 Y72 K11
R153 G70 B57

32. 曙色
あけぼのいろ
7.5R 7 / 8
C0 M57 Y47 K0
R241 G148 B131

33. 紅樺
べにかば
7.5R 4 / 10
C35 M87 Y79 K1
R181 G68 B52

34. 水がき・とき浅葱
みずがき・ときあさぎ
5R 6 / 4.5
C30 M54 Y46 K0
R185 G136 B125

35. 珊瑚朱色
さんごしゅいろ
7.5R 6.5 / 10
C0 M65 Y58 K0
R241 G124 B103

36. 紅檜皮
べにひわだ
7.5R 3.5 / 5
C52 M74 Y70 K18
R136 G76 B58

37. 猩猩緋
しょうじょうひ
7.5R 5 / 14
C0 M89 Y79 K0
R232 G48 B21

38. 鉛丹色
えんたんいろ
7.5R 5 / 12
C0 M72 Y63 K7
R215 G84 B85

39. 芝翫茶
しかんちゃ
7.5R 5 / 7
C37 M72 Y68 K0
R181 G93 B76

40. 檜皮色
ひわだいろ
9R 3.5 / 6
C49 M73 Y70 K18
R133 G72 B54

41. 柿渋色・柿色
かきしぶいろ・かきいろ
7.5R 4.5 / 6
C43 M72 Y71 K4
R163 G94 B71

42. 緋
あけ
8.5R 5 / 12
C17 M79 Y74 K0
R204 G84 B58

43. 鳶色
とびいろ
10R 2.5 / 4
C58 M73 Y70 K26
R114 G72 B50

44. 紅緋
べにひ
8.5R 6 / 12
C0 M75 Y74 K0
R247 G92 B47

45. 栗皮茶・栗皮色
くりかわちゃ・くりかわいろ
10R 3 / 5
C58 M74 Y72 K30
R106 G64 B40

46. 弁柄色
べんがらいろ
8.5R 4 / 8
C44 M74 Y75 K12
R154 G80 B52

47. 照柿
てりがき
8.5R 5.5 / 10
C24 M72 Y72 K0
R196 G98 B67

48. 江戸茶
えどちゃ
8.5R 4.5 / 8
C38 M70 Y71 K3
R175 G95 B60

49. 洗朱
あらいしゅ
10R 7 / 9
C0 M54 Y56 K0
R251 G150 B110

50. 百塩茶・羊羹色
ももしおちゃ・ようかんいろ
10R 3 / 3
C61 M70 Y68 K25
R114 G73 B56

51. 唐茶
からちゃ
10R 5.5 / 6
C38 M64 Y65 K0
R180 G113 B87

52. ときがら茶
ときがらちゃ
10R 7 / 6
C10 M55 Y57 K0
R219 G142 B113

53. 黄丹
おうに・おうたん
10R 6 / 14
C0 M72 Y90 K0
R240 G94 B28

54. 纁・蘇比
そひ・そひ
10R 6 / 10
C0 M65 Y73 K0
R237 G120 B74

55. 遠州茶
えんしゅうちゃ
10R 6 / 7
C21 M64 Y67 K0
R202 G120 B83

56. 樺茶
かばちゃ
10R 5 / 8
C36 M72 Y76 K2
R179 G92 B55

57. 焦茶
こげちゃ
1.5YR 2 / 2
C68 M73 Y71 K40
R86 G63 B46

58. 赤香色
あかこういろ
10R 7 / 7
C5 M55 Y60 K0
R227 G145 B110

59. 雀茶
すずめちゃ
10R 4.5 / 5
C52 M69 Y73 K15
R143 G90 B60

60. 宍色・肉色
ししいろ・にくいろ
10R 7.5 / 6
C0 M47 Y50 K0
R240 G169 B134

61. 宗伝唐茶
そうでんからちゃ
10R 5 / 5
C48 M66 Y70 K6
R160 G103 B75

62. 蒲色・樺色
かばいろ・かばいろ
1.5YR 5 / 9
C26 M70 Y78 K0
R193 G105 B60

63. 深支子
こきくちなし・ふかきくちなし
2.5YR 7 / 8
C0 M53 Y65 K0
R251 G153 B102

64. 胡桃色
くるみいろ
1.5YR 6 / 2
C51 M56 Y57 K1
R148 G122 B109

65. 代赭色
たいしゃいろ
3YR 5 / 6
C38 M67 Y82 K3
R163 G99 B54

66. 洗柿
あらいがき
3YR 7 / 7
C0 M53 Y67 K0
R231 G148 B96

67. 黄櫨染
こうろぜん
1.5YR 3 / 4
C55 M68 Y78 K23
R125 G83 B44

68. 赤朽葉
あかくちば
5YR 6 / 6.5
C5 M52 Y70 K14
R199 G133 B80

69. 礪茶
とのちゃ
3.5YR 5 / 5
C48 M66 Y79 K7
R152 G95 B42

70. 赤白橡
あかしろつるばみ
3.5YR 7.5 / 5
C6 M42 Y55 K0
R225 G166 B121

71. 煎茶色
せんちゃいろ
3.5YR 4.5 / 4
C55 M66 Y75 K14
R133 G91 B50

72. 萱草色・柑子色
かんぞういろ・こうじいろ
5YR 7.5 / 11
C0 M49 Y72 K0
R252 G159 B77

73. 洒落柿
しゃれがき
5YR 8 / 6
C0 M36 Y53 K0
R255 G186 B132

74. 紅鬱金
べにうこん
5YR 7 / 10
C0 M52 Y80 K0
R233 G139 B42

75. 梅染
うめぞめ
5YR 7.5 / 7
C3 M45 Y62 K0
R233 G163 B104

76. 枇杷茶
びわちゃ
6.5YR 5.5 / 6
C35 M58 Y75 K0
R177 G120 B68

77. 丁子茶
ちょうじちゃ
5YR 5 / 4
C50 M61 Y76 K9
R150 G99 B46

78. 憲法染・吉岡染
けんぽうぞめ・よしおかぞめ
5YR 2 / 1
C76 M71 Y73 K47
R67 G52 B27

79. 琥珀色
こはくいろ
7.5YR 6 / 9
C20 M58 Y85 K0
R202 G122 B44

80. 薄柿
うすがき
5YR 8 / 5
C0 M34 Y52 K0
R236 G184 B138

81. 伽羅色
きゃらいろ
7.5YR 4 / 3
C58 M62 Y72 K16
R120 G85 B43

82. 丁子染・香染
ちょうじぞめ・こうぞめ
7.5YR 5.5 / 6
C36 M57 Y79 K0
R176 G119 B54

83. 柴染
ふしぞめ
7.5YR 5 / 4
C50 M56 Y71 K5
R150 G114 B73

84. 朽葉色
くちばいろ
7.5YR 6.5 / 8
C7 M49 Y80 K0
R226 G148 B59

85. 金茶
きんちゃ
7.5YR 6 / 8.5
C20 M56 Y89 K0
R199 G128 B45

86. 狐色
きつねいろ
7.5YR 5 / 6
C46 M57 Y80 K4
R155 G110 B35

87. 煤竹色
すすたけいろ
8YR 3.5 / 2.5
C62 M63 Y73 K21
R110 G85 B47

88. 薄香
うすこう
7.5YR 8 / 6
C0 M34 Y60 K0
R235 G180 B113

89. 砥粉色
とのこいろ
9YR 7.5 / 4
C5 M20 Y38 K15
R215 G185 B142

90. 銀煤竹
ぎんすすたけ
8.5YR 4.5 / 4
C54 M58 Y76 K10
R130 G102 B58

91. 黄土色
おうどいろ
8.5YR 6.5 / 4.5
C31 M45 Y66 K0
R182 G142 B85

92. 白茶
しらちゃ
8.5YR 7 / 3
C32 M40 Y57 K0
R188 G159 B119

93. 媚茶
こびちゃ
10YR 4 / 4
C58 M59 Y78 K14
R135 G102 B51

94. 黄唐茶・黄雀茶
きがらちゃ・きがらちゃ
10YR 6 / 7
C28 M48 Y83 K0
R193 G138 B38

95. 山吹色
やまぶきいろ
1.5Y 8 / 13
C0 M37 Y87 K0
R255 G177 B27

96. 山吹茶
やまぶきちゃ
1.5Y 6.5 / 9
C17 M44 Y89 K0
R209 G152 B38

97. 櫨染
はじぞめ
1.5Y 7 / 10
C8 M40 Y83 K0
R221 G165 B45

98. 桑染・桑茶
くわぞめ・くわちゃ
1.5Y 6.5 / 7.5
C25 M44 Y83 K0
R201 G152 B51

99. 玉子色
たまごいろ
1.5Y 8 / 10
C0 M29 Y74 K0
R249 G191 B69

100. 白橡
しろつるばみ
2Y 7.5 / 3
C16 M30 Y60 K0
R220 G184 B121

101. 黄橡
きつるばみ
2Y 6.5 / 5.5
C31 M44 Y77 K0
R186 G145 B50

102. 玉蜀黍色
とうもろこしいろ
2Y 8 / 8
C4 M29 Y71 K0
R232 G182 B71

103. 花葉色
はなばいろ
2.5Y 8.5 / 8
C0 M25 Y72 K0
R247 G194 B66

104. 生壁色
なまかべいろ
1.5Y 5 / 1.5
C58 M56 Y70 K8
R125 G108 B70

105. 鳥の子色
とりのこいろ
2.5Y 8.5 / 1
C14 M20 Y39 K0
R218 G201 B166

106. 浅黄
うすき
1.5Y 8.5 / 4
C0 M17 Y53 K0
R250 G214 B137

107. 黄朽葉
きくちば
2.5Y 7.5 / 7
C14 M33 Y75 K0
R217 G171 B66

108. 支子・梔子
くちなし・くちなし
2Y 8.5 / 7
C0 M25 Y70 K0
R246 G197 B85

109. 藤黄
とうおう
2.5Y 8.5 / 12
C0 M25 Y86 K0
R255 G196 B8

110. 鬱金色
うこんいろ
2.5Y 7.5 / 8
C3 M29 Y88 K0
R239 G187 B36

111. 芥子色
からしいろ
3Y 7 / 6
C0 M16 Y70 K27
R202 G173 B95

112. 肥後煤竹
ひごすすたけ
2.5Y 5 / 3
C55 M53 Y82 K7
R141 G116 B42

113. 利休白茶
りきゅうしらちゃ
2.5Y 7 / 1
C36 M33 Y54 K0
R180 G165 B130

114. 灰汁色
あくいろ
2.5Y 5.5 / 0.5
C58 M51 Y60 K1
R135 G127 B108

115. 利休茶
りきゅうちゃ
2.5Y 5.5 / 1
C57 M50 Y70 K3
R137 G125 B85

116. 路考茶
ろこうちゃ
2.5Y 4.5 / 1
C64 M57 Y73 K10
R116 G103 B62

117. 菜種油色
なたねゆいろ
6.5Y 6 / 8
C46 M42 Y84 K0
R162 G140 B55

118. 鶯茶
うぐいすちゃ
6.5Y 4 / 3
C64 M56 Y78 K16
R108 G96 B36

119. 黄海松茶
きみるちゃ
6.5Y 5.5 / 4
C57 M48 Y78 K6
R134 G120 B53

120. 海松茶
みるちゃ
3.5Y 3.5 / 1
C68 M59 Y75 K22
R98 G89 B44

121. 刈安色
かりやすいろ
7Y 8 / 8
C7 M15 Y74 K0
R233 G205 B76

122. 菜の花色
なのはないろ
7Y 8/ 9
C2 M11 Y75 K0
R247 G217 B76

123. 黄蘗
きはだ
7.5Y 8.5 / 9
C0 M5 Y73 K0
R251 G226 B81

124. 蒸栗色
むしくりいろ
7.5Y 8 / 2.5
C16 M15 Y52 K0
R217 G205 B144

125. 青朽葉
あおくちば
7.5Y 6.5 / 6
C38 M31 Y76 K0
R173 G161 B66

126. 女郎花色
おみなえしいろ
10Y 8 / 11
C16 M9 Y82 K0
R221 G210 B59

127. 鶸茶
ひわちゃ
9Y 6 / 5
C45 M33 Y76 K0
R165 G160 B81

128. 鶸色
ひわいろ
1.5GY 7.5 / 9
C32 M15 Y85 K0
R190 G194 B63

129. 鶯色
うぐいすいろ
10Y 4.5 / 3
C67 M54 Y84 K14
R108 G106 B45

130. 柳茶
やなぎちゃ
1.5GY 6.5 / 4
C52 M37 Y73 K0
R147 G150 B80

131. 苔色
こけいろ
2GY 6 / 5
C62 M41 Y83 K2
R131 G138 B45

132. 麹塵・青白橡
きくじん・あおしろつるばみ
1.5GY 7.5 / 3
C37 M23 Y63 K0
R177 G180 B121

133. 璃寛茶
りかんちゃ
1.5GY 4 / 2
C72 M58 Y73 K19
R97 G97 B56

134. 藍媚茶
あいこびちゃ
1.5GY 3.5 / 1.5
C76 M61 Y74 K30
R75 G78 B42

135. 海松色
みるいろ
2.5GY 4 / 3
C72 M56 Y78 K20
R91 G98 B46

136. 千歳茶
せんさいちゃ
2.5GY 3 / 1
C77 M61 Y70 K30
R77 G81 B57

137. 梅幸茶・草柳
ばいこうちゃ・くさやなぎ
5GY 6 / 2.5
C57 M38 Y63 K0
R137 G145 B107

138. 鶸萌黄
ひわもえぎ
6.5GY 6.5 / 8.5
C56 M13 Y77 K0
R144 G180 B75

139. 柳染
やなぎぞめ
8.5GY 7 / 5
C56 M24 Y65 K0
R145 G173 B112

140. 裏柳・裏葉柳
うらやなぎ・うらはやなぎ
8.5GY 8 / 2
C36 M10 Y45 K0
R181 G202 B160

141. 岩井茶
いわいちゃ
5GY 4.5 / 1
C69 M52 Y63 K7
R100 G106 B88

142. 萌黄
もえぎ
8.5GY 6 / 8.5
C70 M23 Y86 K0
R123 G162 B63

143. 苗色・淡萌黄
なえいろ・うすもえぎ
8.5GY 7.5 / 7.5
C57 M1 Y72 K0
R134 G193 B102

144. 柳煤竹
やなぎすすたけ
7.5GY 4 / 1.5
C76 M57 Y70 K17
R74 G89 B61

145. 松葉色
まつばいろ
8.5GY 4 / 3
C80 M55 Y79 K20
R66 G96 B45

146. 青丹
あおに
8.5GY 4.5 / 3
C76 M51 Y75 K12
R81 G110 B65

147. 薄青
うすあお
2.5G 7 / 3
C57 M19 Y52 K0
R145 G180 B147

148. 柳鼠・豆がら茶
やなぎねずみ・まめがらちゃ
2.5G 6 / 1
C61 M41 Y53 K0
R128 G143 B124

149. 常磐色
ときわいろ
3G 4.5 / 7
C82 M0 Y78 K40
R27 G129 B62

150. 若竹色
わかたけいろ
2.5G 6.5 / 5
C68 M13 Y59 K0
R93 G172 B129

151. 千歳緑
ちとせみどり・せんさいみどり
2.5G 3.5 / 2.5
C83 M55 Y69 K22
R54 G86 B60

152. 緑
みどり（古代一般名・青みどり）
3.5G 5 / 6
C86 M36 Y70 K0
R34 G125 B81

153. 白緑
びゃくろく
5G 8 / 3
C44 M0 Y37 K0
R168 G216 B185

154. 老竹色
おいたけいろ
2.5G 5 / 2
C71 M46 Y60 K2
R106 G131 B114

155. 木賊色
とくさいろ
5G 4.5 / 4
C86 M46 Y70 K8
R45 G109 B75

156. 御納戸茶
おなんどちゃ
5G 3.5 / 1.5
C81 M60 Y68 K22
R70 G93 B76

157. 緑青
ろくしょう
5G 5.5 / 6
C83 M23 Y63 K0
R36 G147 B110

158. 錆青磁
さびせいじ
5G 6.5 / 1.5
C58 M30 Y45 K0
R134 G166 B151

159. 青竹色
あおたけいろ
8G 4.5 / 8
C92 M28 Y67 K0
R0 G137 B108

160. ビロード

9G 3.5 / 4
C93 M54 Y71 K20
R9 G97 B72

161. 虫襖・虫青
むしあお・むしあお
10G 3.5 / 3
C89 M55 Y67 K17
R32 G96 B79

162. 藍海松茶
あいみるちゃ
10G 3 / 2
C89 M60 Y67 K30
R15 G76 B58

163. 沈香茶
とのちゃ
2.5BG 5 / 2
C77 M50 Y57 K4
R79 G114 B108

164. 青緑
あおみどり
7.5BG 5 / 12
C88 M0 Y53 K0
R0 G170 B144

165. 青磁色・秘色
せいじいろ・ひそく
7BG 7 / 3
C61 M14 Y34 K0
R105 G176 B172

166. 鉄色
てついろ
8BG 3 / 2
C90 M63 Y66 K30
R38 G69 B61

167. 水浅葱
みずあさぎ
7BG 7 / 4
C68 M10 Y33 K0
R102 G186 B183

168. 青碧
せいへき
7.5BG 5 / 4.5
C85 M35 Y50 K0
R38 G135 B133

169. 錆鉄御納戸
さびてつおなんど
8BG 3.5 / 1.5
C83 M59 Y60 K13
R64 G91 B85

170. 高麗納戸
こうらいなんど
10BG 3 / 3
C88 M58 Y61 K15
R48 G90 B86

171. 白群
びゃくぐん
3B 7 / 4.5
C52 M0 Y20 K0
R120 G194 B196

172. 御召茶
おめしちゃ
10BG 4 / 3
C87 M54 Y54 K5
R55 G107 B109

173. 瓶覗・覗色
かめのぞき・のぞきいろ
5B 8.5 / 2
C42 M0 Y11 K0
R165 G222 B228

174. 深川鼠・湊鼠
ふかがわねずみ・みなとねずみ
2.5B 6 / 2
C63 M38 Y40 K0
R119 G150 B154

175. 錆浅葱
さびあさぎ
3.5B 6 / 3
C66 M30 Y34 K0
R102 G153 B161

176. 水色
みずいろ
3.5B 7.5 / 4
C55 M6 Y17 K0
R129 G199 B212

177. 浅葱色
あさぎいろ
5B 6.5 / 6.5
C82 M18 Y27 K0
R51 G166 B184

178. 御納戸色
おなんどいろ
5B 3.5 / 2
C92 M65 Y62 K25
R12 G72 B66

179. 藍色
あいいろ
5B 3.5 / 3.5
C95 M63 Y56 K17
R13 G86 B97

180. 新橋色・金春色
しんばしいろ・こんぱるいろ
5B 5 / 8
C95 M31 Y30 K0
R0 G137 B167

181. 錆御納戸
さびおなんど
5B 4.5 / 3
C87 M56 Y52 K6
R51 G103 B116

182. 鉄御納戸
てつおなんど
2.5B 3 / 2
C90 M63 Y59 K21
R37 G83 B89

183. 花浅葱
はなあさぎ
6.5B 5 / 7
C90 M32 Y23 K0
R30 G136 B168

184. 藍鼠
あいねずみ
5B 4.5 / 0.5
C78 M57 Y52 K7
R86 G108 B115

185. 舛花色
ますはないろ
8.5B 5 / 4
C78 M48 Y42 K0
R87 G124 B138

186. 空色
そらいろ
10B 6.5 / 8
C72 M13 Y7 K0
R88 G178 B220

187. 熨斗目花色
のしめはないろ
8.5B 4 / 4
C92 M60 Y47 K4
R43 G95 B117

188. 千草色
ちぐさいろ
7.5B 5.5 / 7
C83 M31 Y17 K0
R58 G143 B183

189. 御召御納戸
おめしおなんど
8.5B 4 / 3
C90 M63 Y51 K7
R46 G92 B110

190. 縹・花田
はなだ・はなだ
8.5B 4 / 7
C100 M60 Y41 K2
R0 G98 B132

191. 勿忘草色
わすれなぐさいろ
3PB 7 / 6
C52 M10 Y0 K0
R125 G185 B222

192. 群青色
ぐんじょういろ
2PB 6.5 / 8
C67 M21 Y0 K0
R81 G168 B221

193. 露草色
つゆくさいろ
3PB 5 / 11
C73 M20 Y0 K0
R46 G169 B223

194. 黒橡
くろつるばみ
10B 2 / 0.5
C92 M78 Y64 K48
R11 G16 B19

195. 紺
こん
5.5PB 2 / 5
C100 M85 Y50 K24
R15 G37 B64

196. 褐色
かちいろ・かちんいろ
5.5PB 1.5 / 3
C100 M86 Y60 K45
R8 G25 B45

197. 瑠璃色
るりいろ
6PB 4 / 12
C97 M65 Y0 K0
R0 G92 B175

198. 瑠璃紺
るりこん
6PB 2.5 / 7
C100 M85 Y39 K4
R11 G52 B110

199. 紅碧・紅掛空色
べにみどり・べにかけそらいろ
7PB 6 / 7
C64 M44 Y0 K0
R123 G144 B210

200. 藤鼠
ふじねずみ
8.5PB 5.5 / 5
C69 M56 Y17 K0
R110 G117 B164

201. 鉄紺色
てっこんいろ
7.5PB 1.5 / 2
C80 M65 Y0 K77
R38 G30 B71

202. 紺青色
こんじょういろ
6PB 3 / 12
C100 M85 Y15 K0
R17 G50 B133

203. 紅掛花色
べにかけはないろ
8.5PB 4.5 / 7
C82 M70 Y14 K0
R78 G79 B151

204. 紺桔梗
こんききょう
7PB 2 / 8
C100 M90 Y42 K12
R33 G30 B85

205. 藤色
ふじいろ
10PB 6 / 8
C58 M52 Y0 K0
R139 G129 B195

206. 二藍
ふたあい
10PB 4.5 / 6
C72 M67 Y21 K0
R112 G100 B154

207. 楝色
おうちいろ
1P 6 / 7
C42 M42 Y0 K0
R155 G144 B194

208. 藤紫
ふじむらさき
1.5P 5.5 / 10
C58 M60 Y0 K0
R138 G107 B190

209. 桔梗色
ききょういろ
1.5P 4 / 8
C75 M75 Y10 K0
R106 G76 B156

210. 紫苑色
しおんいろ
2.5P 6 / 8
C55 M58 Y1 K0
R143 G119 B181

211. 滅紫
めっし・けしむらさき
2.5P 3 / 2
C82 M80 Y48 K15
R83 G61 B91

212. 薄色
うすいろ
3.5P 6.5 / 7
C43 M51 Y0 K0
R178 G143 B206

213. 半色
はしたいろ
3.5P 5.5 / 8
C55 M63 Y0 K0
R152 G109 B178

214. 江戸紫
えどむらさき
3P 3.5 / 7
C60 M74 Y0 K14
R119 G66 B141

215. 紫紺
しこん
2.5P 2 / 2
C88 M84 Y60 K45
R60 G47 B65

216. 深紫
こきむらさき・ふかむらさき
3P 2.5 / 5
C90 M93 Y43 K16
R74 G34 B93

217. 菫色
すみれいろ
5P 3.5 / 7
C74 M83 Y22 K0
R102 G50 B124

218. 紫
むらさき
5P 3 / 7
C81 M87 Y40 K7
R89 G44 B99

219. 菖蒲色
あやめいろ
6.5P 4 / 10
C71 M87 Y14 K0
R111 G51 B129

220. 藤煤竹
ふじすすたけ
10P 3.5 / 1
C75 M70 Y57 K25
R87 G76 B87

221. 紅藤
べにふじ
7.5P 6.5 / 7
C38 M60 Y0 K0
R180 G129 B187

222. 黒紅・黒紅梅
くろべに・くろこうばい
5P 1.5 / 1.5
C86 M85 Y64 K50
R63 G43 B54

223. 茄子紺
なすこん
7.5P 2.5 / 2.5
C40 M73 Y10 K73
R87 G42 B63

224. 葡萄鼠
ぶどうねずみ・えびねずみ
10P 4 / 3
C73 M77 Y54 K17
R94 G61 B80

225. 鳩羽鼠
はとばねずみ
10P 5 / 1.5
C68 M64 Y51 K6
R114 G99 B110

226. 杜若・江戸紫
かきつばた・えどむらさき
8P 2.5 / 7
C77 M92 Y48 K21
R98 G41 B84

227. 葡萄
えびぞめ
10P 3.5 / 8
C71 M89 Y48 K12
R109 G46 B91

228. 牡丹
ぼうたん・ぼたん
3.5RP 4.5 / 11
C25 M91 Y8 K0
R193 G50 B142

229. 梅紫
うめむらさき
4RP 4.5 / 7
C45 M80 Y37 K0
R168 G73 B122

230. 似紫
にせむらさき
5RP 2.5 / 3
C75 M84 Y62 K42
R86 G46 B55

231. 躑躅色
つつじいろ
7RP 5 / 13
C0 M80 Y3 K0
R224 G60 B138

232. 紫鳶
むらさきとび
6.5RP 3 / 3
C70 M78 Y61 K30
R96 G55 B62

233. 白練
しろねり
N9.5
C0 M3 Y11 K0
R252 G250 B242

234. 胡粉
ごふん
2.5Y 9.2 / 0.5
C0 M0 Y2 K0
R255 G255 B251

235. 白鼠・銀色
しろねずみ・しろがねいろ
N7.5
C31 M23 Y28 K0
R189 G192 B186

236. 銀鼠・錫色
ぎんねずみ・すずいろ
2.5PB 6.5 / 0.5
C52 M39 Y36 K0
R145 G152 B159

237. 鉛色
なまりいろ
2.5PB 5 / 1
C8 M0 Y0 K73
R120 G120 B120

238. 灰色
はいいろ
N5
C0 M0 Y0 K70
R130 G130 B130

239. 素鼠
すねずみ
N5
C65 M53 Y53 K0
R120 G125 B123

240. 利休鼠
りきゅうねずみ
8.5G 5 / 1
C66 M50 Y54 K1
R112 G124 B116

241. 鈍色
にびいろ
N4
C5 M0 Y0 K80
R101 G103 B101

242. 青鈍
あおにび
2.5B 4 / 0.5
C78 M63 Y62 K20
R83 G89 B83

243. 丼鼠・溝鼠
どぶねずみ・どぶねずみ
5RP 3.5 / 0.5
C78 M65 Y65 K30
R79 G79 B72

244. 紅消鼠
べにけしねずみ
10RP 3 / 1
C73 M69 Y63 K30
R82 G67 B61

245. 藍墨茶
あいすみちゃ
2.5PB 3 / 0.5
C86 M72 Y68 K47
R55 G60 B56

246. 檳榔子染
びんろうじぞめ
10R 2.5 / 0.5
C79 M72 Y72 K50
R58 G50 B38

247. 消炭色
けしずみいろ
N2.5
C0 M0 Y0 K88
R67 G67 B67

248. 墨色・墨染
すみいろ・すみぞめ
N2
C92 M78 Y73 K66
R28 G28 B28

249. 黒色
くろいろ
N1
C91 M84 Y74 K71
R8 G8 B8

250. 呂色　蝋色
ろいろ
N1.5
C0 M0 Y0 K100
R12 G12 B12

色彩解説
Understanding Color

色には、色み、明るさ、鮮やかさがあり、一般的には「色相」「明度」「彩度」と呼ばれています。これらを色の三属性といい、すべての色はこの三属性の組み合わせで一つの色を表わしています。

本書ではマンセル・カラー・システムを基本に日本の伝統色の色を表わしていますので、そのマンセル値について説明いたします。

マンセル・カラー・システムは、マンセルシステム、マンセル表色系あるいはマンセル色体系とも呼ばれるもので、アメリカの美術教育者で画家でもあったアルバート・マンセル（Albert H. Munsell 1858〜1918）が色という概念を系統的に扱うために創り出した体系です。それまでの色の名前の付け方が曖昧で誤解を招きやすかったことから、10進数を使って合理的に表わしました。

その研究は1898年から始められ、1905年にその成果を「Color Notation」（表色）という書籍に著わしました。そしてその後1943年アメリカ光学会（OSA）が視感評価実験によりやや修正され、マンセルの新しい版の書籍「Munsell Book of Colors」として現在でも使われています。

「色相」は、色みを表わし、赤（R）・黄（Y）・緑（G）・青（B）・紫（P）を基本色相として、その中間に黄赤（YR）・黄緑（GY）・青緑（BG）・青紫（PB）・赤紫（RP）を配して10色相に分割し、さらにそれらの各色相を10で分割した計100色相で表わしています。これを順番に円形に並べたものを色相環といいます。

「明度」は、色の明るさを表わし、明度が高いと白に近づき、明度が低いと黒に近づきます。白や黒など色を持たないものを無彩色といい、これを基準に明度は決められます。無彩色の中で最も明るい白を明度10とし、最も暗い黒を明度0とし、その中間の明るさ、いわゆる灰色に2〜9の数字を割り当てます。

「彩度」は、色の鮮やかさを表わし、彩度が高いと鮮やかな純色になり、彩度が低いと無彩色のグレイに近づきます。数値で表わすと、白・灰色・黒の無彩色を0とし、鮮やかさが増えるごとに数値が増します。無彩色に対し色を持つものは有彩色といいます。

そしてこのような三属性を合せた表記は、〈有彩色：色相　明度／彩度　無彩色：N数値〉の順で表わします。

例として、本文の「1. 撫子　なでしこ」は〈5.5RP　7/6〉と表記され、色相5.5 RP（赤紫）明度7彩度6という数値を表わしています。

また色彩索引に表記しているCMYK値は、オフセット印刷で印刷する場合いに使われる数値で、各色の刷り重ねに使われる網点面積をパーセントで表わしています。

本書の印刷は、K（ブラック・墨）→C（シアン・藍）→M（マゼンタ・紅）→Y（イエロー・黄）の順序で印刷されています。

最近はコンピュータで色を表現する場合が多いので、RGB値（R・赤、G・緑、B・青）も併せて掲載しています。

マンセルの色相記号

Munsell Color Codes

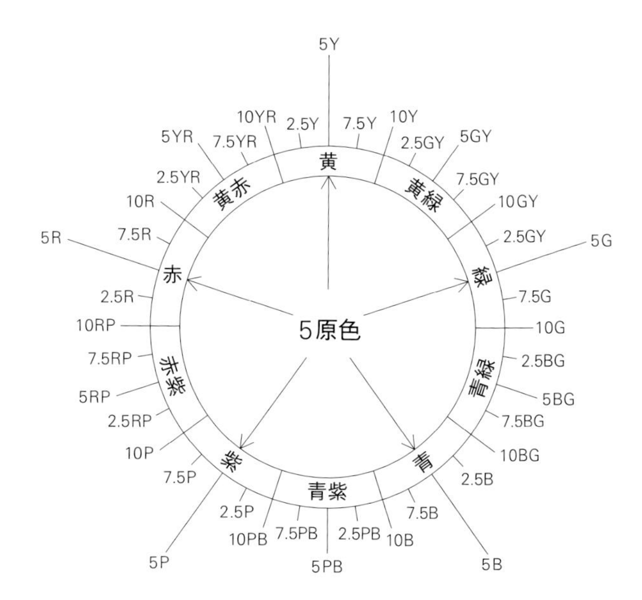

マンセルの色度表示法　例）純色の赤→　5 R　5 ／ 14

色相　明度　彩度

マンセルの明度・彩度記号

Munsell Hue and Chroma Codes

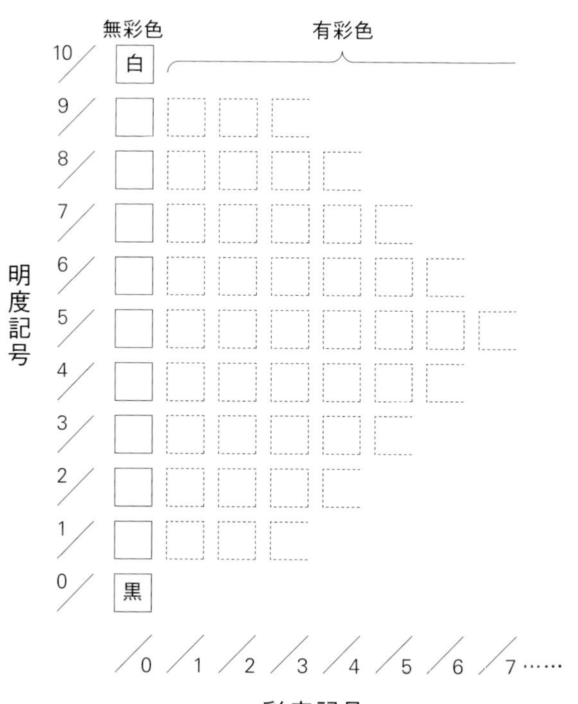

和洋色名一覧

Japaneses Color Names

1. 撫子色（なでしこいろ） Pink
2. 紅梅色（こうばいいろ） Orchid Pink
3. 蘇芳（すおう） Raspberry Red
4. 退紅（たいこう） Old Rose
5. 一斤染（いっこんぞめ） Baby Pink
6. 桑染（くわぞめ）・桑の実色（くわのみいろ） Mulberry
7. 桃色（ももいろ） Fuchsia Pink
8. 苺色（いちごいろ） Strawberry
9. 薄紅（うすべに） Rose Pink
10. 今様色（いまよういろ） Signal Red
11. 中紅（なかべに） Cherry Pink
12. 桜色（さくらいろ） Cherry Blossom
13. 梅鼠（うめねずみ） Rose Gray
14. 韓紅花（からくれない）・深紅（こきくれない） Rose Red
15. 臙脂色（えんじいろ） Crimson
16. 紅（くれないべに） Garmine
17. 鴇羽色（ときはいろ）・鴇色（ときいろ） Pink
18. 長春色（ちょうしゅんいろ） Old Rose
19. 深緋（こきあけ）・黒緋（くろあけ） Chocolate Brown
20. 桜鼠（さくらねずみ） Silver Pink
21. 甚三紅（じんざもみ） French Rose
22. 小豆色（あずきいろ） Russet Brown
23. 蘇芳香（すおうこう） Corinth Pink
24. 赤紅（あかべに） Geranium
25. 真朱（しんしゅ） Cardinal
26. 灰桜色（はいざくらいろ） Silver Pink
27. 栗梅（くりうめ） Dark Cardinal
28. 海老茶（えびちゃ） Garnet
29. 銀朱（ぎんしゅ） Blood Red
30. 黒鳶（くろとび） Woodland Brown
31. 紅鳶（べにとび） Pompeian Red
32. 曙色（あけぼのいろ） Salmon Pink
33. 紅樺（べにかば） Amber red
34. 水（みず）がき・とき浅葱（あさぎ） Ash Ros
35. 珊瑚朱色（さんごしゅいろ） Coral Pink
36. 紅檜皮（べにひわだ） Oxblood Red
37. 猩猩緋（しょうじょうひ） Poppy Red
38. 鉛丹色（えんたんいろ） Red Lead
39. 芝翫茶（しかんちゃ） Copper Rose
40. 檜皮色（ひわだいろ） Mahogany
41. 柿渋色（かきしぶいろ）・柿色（かきいろ） Brick Dust
42. 緋（あけ） Scarlet
43. 鳶色（とびいろ） Auburn Brown
44. 紅緋（べにひ） Tomato Red
45. 栗皮茶（くりかわちゃ）・栗皮色（くりかわいろ） Chestnut
46. 弁柄色（べんがらいろ） Copper Brown
47. 照柿（てりがき） Burnt Orange
48. 江戸茶（えどちゃ） Garnet Brown
49. 洗朱（あらいしゅ） Indian Pink
50. 百塩茶（ももしおちゃ）・羊羹色（ようかんいろ） Arabian Red
51. 唐茶（からちゃ） Cinnamon
52. ときがら茶（ちゃ） Melo Pink
53. 黄丹（おうに・おうたん） Orange Vermilion
54. 纁（そひ）・蘇比（そひ） Flamingo
55. 遠州茶（えんしゅうちゃ） Coral Rust
56. 樺茶（かばちゃ） Etruscan Orange
57. 焦茶（こげちゃ） Burnt Umber
58. 赤香色（あかこういろ） Cork
59. 雀茶（すずめちゃ） Brick Red
60. 宍色（ししいろ）・肉色（にくいろ） Flesh
61. 宗伝唐茶（そうでんからちゃ） Etruscan Rose
62. 蒲色（かばいろ）・樺色（かばいろ） Burnt Sienna

63. 深支子（こきくちなし・ふかきくちなし） Apricot Buff
64. 胡桃色（くるみいろ） Nut Brown
65. 代赭色（たいしゃいろ） Terra Cotta
66. 洗柿（あらいがき） Salmon Buff
67. 黄櫨染（こうろぜん） Golden Brown
68. 赤朽葉（あかくちば） Red Fallow
69. 礪茶（とのちゃ） Bronze
70. 赤白橡（あかしろつるばみ） Peach Beige
71. 煎茶色（せんちゃいろ） Tobacco Brown
72. 萱草色（かんぞういろ）・柑子色（こうじいろ） Saffron Yellow
73. 洒落柿（しゃれがき） Light Apricot
74. 紅鬱金（べにうこん） Majolica Orange
75. 梅染（うめぞめ） Peach Buff
76. 枇杷茶（びわちゃ） Ocher Beige
77. 丁子茶（ちょうじちゃ） Fawn
78. 憲法染（けんぽうぞめ）・吉岡染（よしおかぞめ） Russet Gold
79. 琥珀色（こはくいろ） Amber
80. 薄柿（うすがき） Vanilla
81. 伽羅色（きゃらいろ） Russet Brown
82. 丁子染（ちょうじぞめ）・香染（こうぞめ） Buff
83. 柴染（ふしぞめ） Drab
84. 朽葉色（くちばいろ） Fallow
85. 金茶（きんちゃ） Brown Gold
86. 狐色（きつねいろ） Raw Sienna
87. 煤竹色（すすたけいろ） Sepia
88. 薄香（うすこう） Champagne
89. 砥粉色（とのこいろ） Peach
90. 銀煤竹（ぎんすすたけ） Maple Sugar
91. 黄土色（おうどいろ） Yellow Ocher
92. 白茶（しらちゃ） Ecru
93. 媚茶（こびちゃ） Old Gold
94. 黄唐茶（きがらちゃ）・黄雀茶（きがらちゃ） Maple Leaf
95. 山吹色（やまぶきいろ） Marigold
96. 山吹茶（やまぶきちゃ） Gold
97. 櫨染（はじぞめ） Yellow Gold
98. 桑染（くわぞめ）・桑茶（くわちゃ） Buff
99. 玉子色（たまごいろ） Yolk Yellow
100. 白橡（しろつるばみ） Flax
101. 黄橡（きつるばみ） Curry Yellow
102. 玉蜀黍色（とうもろこしいろ） Maize
103. 花葉色（はなばいろ） Sun Gold
104. 生壁色（なまかべいろ） Tawny Olive
105. 鳥の子色（とりのこいろ） Cream
106. 浅黄（うすき） Straw
107. 黄朽葉（きくちば） Honeysweet
108. 支子（くちなし）・梔子（くちなし） Naples Yellow
109. 藤黄（とうおう） Sunflower
110. 鬱金色（うこんいろ） Golden Yellow
111. 芥子色（からしいろ） Mustard
112. 肥後煤竹（ひごすすたけ） Oriental Gold
113. 利休白茶（りきゅうしらちゃ） Citron Gray
114. 灰汁色（あくいろ） Covert Gray
115. 利休茶（りきゅうちゃ） Dusty Olive
116. 路考茶（ろこうちゃ） Beech
117. 菜種油色（なたねゆいろ） Oil Yellow
118. 鶯茶（うぐいすちゃ） Seaweed
119. 黄海松茶（きみるちゃ） Seaweed Yellow
120. 海松茶（みるちゃ） Seaweed Brown
121. 刈安色（かりやすいろ） Chrome Lemon
122. 菜の花色（なのはないろ） Canary
123. 黄蘗（きはだ） Lemon Yellow
124. 蒸栗色（むしくりいろ） Chartreuse Yellow
125. 青朽葉（あおくちば） Olive Yellow
126. 女郎花色（おみなえしいろ） Citron Yellow

127. 鶸茶（ひわちゃ） Light Olive Yellow
128. 鶸色（ひわいろ） Apple Green
129. 鶯色（うぐいすいろ） Sage Green
130. 柳茶（やなぎちゃ） Citron Green
131. 苔色（こけいろ） Moss Green
132. 麴塵（きくじん）・青白橡（あおしろつるばみ） Elm Green
133. 璃寛茶（りかんちゃ） Drab
134. 藍媚茶（あいこびちゃ） Dark Olive
135. 海松色（みるいろ） Sea Moss
136. 千歳茶（せんさいちゃ） Bronze Green
137. 梅幸茶（ばいこうちゃ）・草柳（くさやなぎ） Silver Sage
138. 鶸萌黄（ひわもえぎ） Fresh Green
139. 柳染（やなぎぞめ） Willow
140. 裏柳（うらやなぎ）・裏葉柳（うらはやなぎ） Mist Green
141. 岩井茶（いわいちゃ） Slate Olive
142. 萌黄（もえぎ） Spring Green
143. 苗色（なえいろ）・淡萌黄（うすもえぎ） Apple Green
144. 柳煤竹（やなぎすすたけ） DeepSea Moss
145. 松葉色（まつばいろ） Jade Green
146. 青丹（あおに） Cactus
147. 薄青（うすあお） Light Green
148. 柳鼠（やなぎねずみ）・豆（まめ）がら茶（ちゃ） Eggshell Green
149. 常磐色（ときわいろ） Evergreen
150. 若竹色（わかたけいろ） Porcelain Green
151. 千歳緑（ちとせみどり・せんさいみどり） Bottle Green
152. 緑（みどり）（古代一般名・青みどり） Malachite Green
153. 白緑（びゃくろく） Opal Green
154. 老竹色（おいたけいろ） Antique Green
155. 木賊色（とくさいろ） Almond Green
156. 御納戸茶（おなんどちゃ） Forest Green
157. 緑青（ろくしょう） Verdigris
158. 錆青磁（さびせいじ） Ripple Green
159. 青竹色（あおたけいろ） Jewel Green
160. ビロード Linco ln Green
161. 虫襖（むしあお）・虫青（むしあお） Green Duck
162. 藍海松茶（あいみるちゃ） Olive Drab
163. 沈香茶（とのちゃ） Chinese Green
164. 青緑（あおみどり） Sea Green
165. 青磁色（せいじいろ）・秘色（ひそく） Celadon
166. 鉄色（てついろ） Fir Green
167. 水浅葱（みずあさぎ） Aqua Green
168. 青碧（せいへき） Turquoise Blue
169. 錆鉄御納戸（さびてつおなんど） Blue Conifer
170. 高麗納戸（こうらいなんど） Canton Blue
171. 白群（びゃくぐん） Pale Ultramarine
172. 御召茶（おめしちゃ） Dun
173. 瓶覗（かめのぞき）・覗色（のぞきいろ） Horizon Blue
174. 深川鼠（ふかがわねずみ）・湊鼠（みなとねずみ） Aqua Gray
175. 錆浅葱（さびあさぎ） Light Saxe Blue
176. 水色（みずいろ） Pale Aqua
177. 浅葱色（あさぎいろ） Turquoise Blue
178. 御納戸色（おなんどいろ） Tapestry Blue
179. 藍色（あいいろ） Marine Blue
180. 新橋色（しんばしいろ）・金春色（こんぱるいろ） Cerulean Blue
181. 錆御納戸（さびおなんど） Goblin Blue
182. 鉄御納戸（てつおなんど） Electric Blue
183. 花浅葱（はなあさぎ） Saxev Blue
184. 藍鼠（あいねずみ） Smoke Blue
185. 舛花色（ますはないろ） Smoke Blue
186. 空色（そらいろ） Sky Blue
187. 熨斗目花色（のしめはないろ） Oriental Blue
188. 千草色（ちぐさいろ） Azure Blue
189. 御召御納戸（おめしおなんど） Slate Blue
190. 縹（はなだ）・花田（はなだ） Sapphire Blue

191. 勿忘草色（わすれなぐさいろ） Forget-me-not-blue
192. 群青色（ぐんじょういろ） Ultramarine
193. 露草色（つゆくさいろ） Cobalt Blue
194. 黒橡（くろつるばみ） Midnight Blue
195. 紺（こん） Navy Blue
196. 褐色（かちいろ・かちんいろ） Indigo
197. 瑠璃色（るりいろ） Lapis Lazuli
198. 瑠璃紺（るりこん） Royal Blue
199. 紅碧（べにみどり）・紅掛空色（べにかけそらいろ） Salvia Blue
200. 藤鼠（ふじねずみ） Lavender Gray
201. 鉄紺色（てつこんいろ） Steel Grey
202. 紺青色（こんじょういろ） Prussian Blue
203. 紅掛花色（べにかけはないろ） Gentian Blue
204. 紺桔梗（こんききょう） Victoria Violet
205. 藤色（ふじいろ） Wisteria
206. 二藍（ふたあい） Aster
207. 楝色（おうちいろ） Helitrope
208. 藤紫（ふじむらさき） Mauve
209. 桔梗色（ききょういろ） Bell Flower
210. 紫苑色（しおんいろ） Heliotrope
211. 滅紫（めっし・けしむらさき） Skark
212. 薄色（うすいろ） Pale Lilac
213. 半色（はしたいろ） Crocus
214. 江戸紫（えどむらさき） Royal Purple
215. 紫紺（しこん） Pansy
216. 深紫（こきむらさき・ふかむらさき） Deep Royal Purple
217. 菫色（すみれいろ） Violet
218. 紫（むらさき） Purple
219. 菖蒲色（あやめいろ） Iris
220. 藤煤竹（ふじすすたけ） Prune
221. 紅藤（べにふじ） Lilac
222. 黒紅（くろべに）・黒紅梅（くろこうばい） Dusky Purple
223. 茄子紺（なすこん） Eggplant
224. 葡萄鼠（ぶどうねずみ・えびねずみ） Plum Purple
225. 鳩羽鼠（はとばねずみ） Lilac Hazy
226. 杜若（かきつばた）・江戸紫（えどむらさき） Amethyst
227. 葡萄（えびぞめ） Amethyst Mauve
228. 牡丹（ぼうたん・ぼたん） Peony Purple
229. 梅紫（うめむらさき） Amaranth Purple
230. 似紫（にせむらさき） Plum
231. 躑躅色（つつじいろ） Azalea Pink
232. 紫鳶（むらさきとび） Indian Purple
233. 白練（しろねり） Snow White
234. 胡粉（ごふん） Chalk
235. 白鼠（しろねずみ）・銀色（しろがねいろ） Pearl Gray
236. 銀鼠（ぎんねずみ）・錫色（すずいろ） Silver Gray
237. 鉛色（なまりいろ） Lead Gray
238. 灰色（はいいろ） Ash Gray
239. 素鼠（すねずみ） Mouse Gray
240. 利休鼠（りきゅうねずみ） Celadon Gray
241. 鈍色（にびいろ） Olive Gray
242. 青鈍（あおにび） Steel Gray
243. 丼鼠（どぶねずみ）・溝鼠（どぶねずみ） Dove Gray
244. 紅消鼠（べにけしねずみ） Black Berry
245. 藍墨茶（あいすみちゃ） Dark Slate
246. 檳榔子染（びんろうじぞめ） African Brown
247. 消炭色（けしずみいろ） Charcoal Gray
248. 墨色（すみいろ）・墨染（すみぞめ） Charcoal Gray
249. 黒色（くろいろ） Lamp Black
250. 呂色（ろいろ）・蠟色（ろいろ） Ivory black

色名索引

Color Names Index

＊太数字は色名解説頁を示す。

【あ】

あい　藍　135
あいいろ　藍色　**129**
あいこびちゃ　藍媚茶　101
あいすみちゃ　藍墨茶　**162**
あいすみちゃ　相墨茶　162
あいてつ　藍鉄　141
あいとび　藍鳶　33
あいなまかべ　藍生壁　80
あいねずみ　藍鼠　**131**
あいみるちゃ　藍海松茶　91 115 **119**
あおくちば　青朽葉　57 67 **94**
あおしろつるばみ　青白橡　15 **99** 107
あおたけいろ　青竹色　69 111 112 115 **117**
あおに　青丹　109
あおにび　青鈍　143 **161**
あおふじ　青藤　143
あおみどり　青緑　**121**
あおやなぎちゃ　青柳茶　99
あかうめ　赤梅　61
あかくちば　赤朽葉　**57** 67 94
あかこう　赤香　51 71
あかこういろ　赤香色　**51**
あかしろつるばみ　赤白橡　15 **59**
あかべに　赤紅　**27**
あくいろ　灰汁色　87
あけ　緋　**39** 41
あけぼのいろ　曙色　**33**
あさき　浅黄　101 129
あさぎ　浅葱　83 101 127 129 133 135
あさぎいろ　浅葱色　35 126 **129** 131 133
あさひ　浅緋　25
あさみどり　浅緑　112
あさむらさき　浅紫　147
あさめっし　浅滅紫　145
あずきいろ　小豆色　**26**
あずきちゃ　小豆茶　26
あずきねずみ　小豆鼠　26
あめいろ　飴色　53
あやめいろ　菖蒲色　**149**
あらいがき　洗柿　43 45 **55** 61
あらいしゅ　洗朱　**45**
あんこうしょく　暗紅色　19

【い】

いこうちゃ　威光茶　99
いちごいろ　苺色　**17**
いっこんぞめ　一斤染　**15** 19
いまむらさき　今紫　146
いまよういろ　今様色　**19** 67
いわいちゃ　岩井茶　**105**
いわこんじょう　石紺青　141
いわぬいろ　いわぬ色　83

【う】

うぐいすいろ　鶯色　**97**
うぐいすちゃ　鶯茶　**91** 97
うこんいろ　鬱金色　**85**
うすあお　薄青　**109** 145
うすいろ　薄色　143 **145** 153
うすがき　薄柿　61 **65**
うすき　浅黄　**83**
うすくちば　薄朽葉　57 94
うすくもねずみ　薄雲鼠　157
うすこう　薄香　51 **71**
うすこうばい　淡紅梅　153
うすふじ　薄藤　143
うすふたあい　薄二藍　143
うすべに　薄紅　**17** 19
うすむらさき　浅紫　25
うすももいろ　淡桃色　35
うすもえぎ　薄萌黄　**107**
うすもえぎいろ　薄萌黄色　103
うつぶしいろ　空五倍子色　67
うめがさね　梅重　13
うめぞめ　梅染　**61**
うめねずみ　梅鼠　**21** 25 155
うめむらさき　梅紫　**155**
うらはやなぎ　裏葉柳　**105**
うらやなぎ　裏柳　**105**

【え】

えどちゃ　江戸茶　**43** 75
えどなまかべ　江戸生壁　80
えどむらさき　江戸紫　**146 153**
えびいろ　葡萄色　31
えびぞめ　葡萄　145 153
えびぞめ　葡萄染　19
えびちゃ　海老茶　**31**
えびねずみ　葡萄鼠　**151**
えんじいろ　臙脂色　**21**

えんしゅうちゃ　遠州茶　**49**
えんたんいろ　鉛丹色　**37**

【お】
おいたけいろ　老竹色　111 **115** 117
おいみどり　老緑　117
おうたん　黄丹　**47**
おうちいろ　楝色　**143**
おうどいろ　黄土色　**73**
おうに　黄丹　15 25 **47** 53 57 83
おちぐりいろ　落栗色　94
おとめいろ　乙女色　22
おなんど　御納戸　131
おなんどいろ　御納戸色　115 **129** 131
おなんどちゃ　御納戸茶　**115**
おみなえしいろ　女郎花色　**95**
おめしおなんど　御召御納戸　**135**
おめしちゃ　御召茶　**125** 135
おめしてつ　御召鉄　135

【か】
かきいろ　柿色　**39** 45 55 61
かきしぶいろ　柿渋色　35 **39**
かきつばた　杜若　**153**
かきつばたいろ　杜若色　145
かちいろ　褐色　**137**
かちいろ　搗色　137
かちいろ　勝色　137
かちんいろ　褐色　**137**
かっしょく　褐色　26
かばいろ　樺色　33 49 **53**
かばいろ　蒲色　**53**
かばざくら　朱桜　61
かばちゃ　樺茶　**49** 53
かべつちいろ　壁土色　80
かめのぞき　瓶覗　**126**
かもがわねずみ　鴨川鼠　131
からくれない　韓紅花　**21**
からしいろ　芥子色　**85**
からちゃ　唐茶　**45** 47 53
からちゃ　枯茶　45
かりやすいろ　刈安色　**93**
かりやすぞめ　刈安染　83
かんぞういろ　萱草色　43 **59**

【き】
きがらちゃ　黄唐茶　75
きがらちゃ　黄雀茶　75
ききょういろ　桔梗色　141 **145**
ききょうなんど　桔梗納戸　141
ききょうはないろ　桔梗花色　145
ききょうむらさき　桔梗紫　141
きくじん　麹塵　**99** 107 153
きくちなし　黄支子　53 83
きくちば　黄朽葉　57 67 **83** 94
きしゅうちゃ　紀州茶　71
きつねいろ　狐色　**69**
きつるばみ　黄橡　**79** 137
きぬたせいじ　砧青磁　121
きぬねずみ　絹鼠　157
きはだ　黄蘗　19 41 **93** 94 107 109 112 115 121 129
きみるちゃ　黄海松茶　**91**
きゃらいろ　伽羅色　**65** 71
ぎんかいしょく　銀灰色　157
ぎんしゅ　銀朱　29 **31**
ぎんすすたけ　銀煤竹　**71**
きんちゃ　金茶　**69**
ぎんねずみ　銀鼠　**157**

【く】
くさやなぎ　草柳　**103**
くさやなぎちゃ　草柳茶　**99**
くちなし　支子　26 39 41 47 53 75 77 **108**
くちなし　梔子　**108**
くちばいろ　朽葉色　43 57 **67** 94
くりうめ　栗梅　**29** 94
くりかわいろ　栗皮色　29 **41** 94
くりかわちゃ　栗皮茶　**41** 45 94
くるみいろ　胡桃色　**55**
くれあい　呉藍　21
くれない　紅　21 **22**
くろあけ　黒緋　**25**
くろいろ　黒色　164
くろうめ　黒梅　61
くろこうばい　黒紅梅　**151** 164
くろこびちゃ　黒媚茶　31
くろつるばみ　黒橡　**137**
くろとび　黒鳶　**31** 33 155
くろべに　黒紅　**151** 164
くろむらさき　黒紫　**147**
くわいろしらちゃ　桑色白茶　77
くわぞめ　桑染　**15** 77
くわちゃ　桑茶　**77**

くわのみいろ　桑の実色　**15**
ぐんじょう　群青　125 141
ぐんじょういろ　群青色　**135**

【け】

けしずみいろ　消炭色　**163**
けしむらさき　滅紫　**145**
げんじねずみ　源氏鼠　**131**
けんぽうぞめ　憲法染　**63**

【こ】

こういろ　香色　26 51 65 67 71
こうじいろ　柑子色　43 **59**
こうぞめ　香染　**67**
こうばいいろ　紅梅色　**13** 17
こうらいなんど　高麗納戸　**125**
こうろぜん　黄櫨染　15 **57** 99
こがねいろ　黄金色　75
こがれちゃ　黄枯茶　75
こがれちゃ　木枯茶　75
こき　濃色　148
こきあけ　深緋　**25**
こきいろ　濃色　145
こきき　深黄　83 129
こきくちなし　深支子　**53**
こきくちば　濃朽葉　57 94
こきくれない　深紅　**21**
こきはなだ　深縹　137 145
こきふたあい　濃二藍　143
こきみどり　深緑　112
こきむらさき　深紫　25 **147**
こきめっし　深滅紫　145
こけいろ　苔色　**99**
こげちゃ　焦茶　**49**
こだいむらさき　古代紫　146
このえがき　近衛柿　43
こはくいろ　琥珀色　**65**
こびちゃ　媚茶　**73** 101
こぶちゃ　昆布茶　73 89
ごふん　胡粉　**157**
こまちねずみ　小町鼠　131
こまちふじ　小町藤　143
こん　紺　135 **137** 139
こんききょう　紺桔梗　**141**
こんじょういろ　紺青色　141
こんてつ　紺鉄　141
こんとび　紺鳶　33
こんねずみ　紺鼠　131
こんぱるいろ　金春色　**129**
こんるり　紺瑠璃　139

【さ】

さくらいろ　桜色　15 **19** 25
さくらねずみ　桜鼠　**25** 29
さけいろ　鮭色　33
さなえいろ　早苗色　107
さびあさぎ　錆浅葱　117 **127**
さびおなんど　錆御納戸　**131**
さびすすたけ　錆煤竹　117
さびせいじ　錆青磁　**117**
さびてつおなんど　錆鉄御納戸　117 123 **125**
さびりきゅう　錆利休　117
さらしがき　晒柿　43 61
さんごしゅいろ　珊瑚朱色　**35**

【し】

しおんいろ　紫苑色　**145**
しがらきりきゅう　信楽利休　89
しかんちゃ　芝翫茶　**37**
しこん　紫紺　137 **147**
ししいろ　宍色　**51**
しののめいろ　東雲色　33
しぶちゃきん　渋茶巾　73
じゃくとうしょく　雀頭色　51
しゃれがき　洒落柿　43 **61** 65
しゃれすすたけ　洒落煤竹　149
しゅさ　朱砂　29
しゅたん　朱丹　29
しょうじょうひ　猩猩緋　**37** 39
しょうぶいろ　菖蒲色　145
しらあいいろ　白藍色　129
しらちゃ　白茶　65 71 **73** 137
しろうすがき　白薄柿　65
しろがねいろ　銀色　**157**
しろころし　白殺し　126
しろつるばみ　白橡　65 **79**
しろねずみ　白鼠　131 **157**
しろねり　白練　**157**
しんこまいろ　新駒色　139
じんざもみ　甚三紅　**25**
しんしゃ　辰砂　29
しんしゅ　真朱　**29** 31
しんばしいろ　新橋色　**129**

【す】
すおう　蘇芳　**13** 21 25 27 39 41 43 57 61 69 75 141 146 155
すおうこう　蘇芳香　**26**
すずいろ　錫色　**157**
すすたけいろ　煤竹色　**69** 71 107 115 149
すすたけちゃ　煤竹茶　69
すずねずみ　錫鼠　157
すずめちゃ　雀茶　**51**
すねずみ　素鼠　131 157 **159** 161
すみいろ　墨色　157 162 **163**
すみぞめ　墨染　**163** 164
すみるちゃ　素海松茶　91
すみれいろ　菫色　145 **148**

【せ】
せいじいろ　青磁色　117 **121**
せいへき　青碧　123
せんさいちゃ　千歳茶　**103**
せんさいしゃ　仙斎茶　**103**
せんさいみどり　千歳緑　111 **112**
せんじちゃぞめ　せんじ茶染　59
せんちゃいろ　煎茶色　**59**

【そ】
そうでんからちゃ　宗伝唐茶　45 **53**
そひ　纁　**47**
そひ　蘇比　**47**
そほに　赭　29
そらいろ　空色　123 **133** 139

【た】
たいこう　退紅　**15** 19
たいしゃいろ　代赭色　**55**
たいしょうふじ　大正藤　143
だいだいいろ　橙色　33 37 43 47 49 51 53 55 59
たまごいろ　玉子色　**77** 81
たまむしいろ　玉虫色　153
だんじゅうろうちゃ　団十郎茶　103

【ち】
ちぐさいろ　千草色　**133**
ちとせみどり　千歳緑　**112**
ちゃねずみ　茶鼠　131
ちょうじいろ　丁子色　67 71
ちょじぞめ　丁子染　**67**
ちょじちゃ　丁子茶　**67**
ちょうしゅんいろ　長春色　**23** 35

【つ】
つきそめ　桃花褐　17
つつじいろ　躑躅色　**155**
つぼみこうばい　莟紅梅　13
つゆくさいろ　露草色　**137**

【て】
てついろ　鉄色　**123** 141
てつえび　鉄葡萄　123
てつおなんど　鉄御納戸　**131**
てつこん　鉄紺　123 137
てつこんいろ　鉄紺色　**141**
てつなんど　鉄納戸　123
てつねずみ　鉄鼠　123
てつふかがわ　鉄深川 123
てりがき　照柿　**43**

【と】
とうおう　藤黄　**85**
とうせいちゃ　当世茶　43 45
とうもろこしいろ　玉蜀黍色　**79**
ときあさぎ　とき浅葱　**35**
ときあさぎ　鴇浅葱　35
ときいろ　鴇色　**22** 35 47
ときがらちゃ　ときがら茶　**47**
ときはいろ　鴇羽色　**22**
ときわいろ　常磐色　**111**
とくさいろ　木賊色　**115**
とのこいろ　砥粉色　**71**
とのちゃ　砥茶　**57**
とのちゃ　礪茶　**57** 121
とのちゃ　沈香茶　**121**
とびいろ　鳶色　31 33 **41**
どぶねずみ　丼鼠　157 **161**
どぶねずみ　溝鼠　**161**
とりのこいろ　鳥の子色　**81**

【な】
なえいろ　苗色　**107**
なかあいいろ　中藍色　129
なかいろ　中色　133
なかべに　中紅　17 **19**
なかみどり　中緑　112 117
なかめっし　中滅紫　145
なすこん　茄子紺　137 147 **151**

なたねいろ　菜種色　89
なたねゆいろ　菜種油色　**89**
なつむしいろ　夏虫色　119
なでしこいろ　撫子色　**13**
なのはないろ　菜の花色　**93**
なまかべいろ　生壁色　**80**
なまりいろ　鉛色　**159**
なんどいろ　納戸色　**125**
なんどちゃ　納戸茶　115

【に】
にいろ　丹色　109
にがいろ　苦色　59
にくいろ　肉色　**51**
にせべに　似紅　13 155
にせむらさき　似紫　13 **155**
にせももいろ　似桃色　155
にびいろ　鈍色　**161**
にふ　丹生　29

【ね】
ねぎしいろ　根岸色　80

【の】
のしめあさぎ　熨斗目浅葱　133
のしめこんじょう　熨斗目紺青　133
のしめそらいろ　熨斗目空色　133
のしめなんど　熨斗目納戸　133
のしめはないろ　熨斗目花色　**133**
のぞきいろ　覗色　**126**

【は】
はいいろ　灰色　**159**
ばいこうちゃ　梅幸茶　37 **103**
はいざくらいろ　灰桜色　**29**
はじぞめ　櫨染　**77**
はしたいろ　半色　145 **146**
はだいろ　肌色　51
はとばねずみ　鳩羽鼠　**153**
はとばむらさき　鳩羽紫　153
はなあさぎ　花浅葱　**131**
はないろ　花色　131 133
はなこんじょう　花紺青　141
はなだ　縹　**135** 145
はなだ　花田　**135**
はなだいろ　縹色　121
はなばいろ　花葉色　**80**

【ひ】
ひいろ　火色　39
ひきぶどう　引葡萄　151
ひごすすたけ　肥後煤竹　**87**
ひそく　秘色　**121**
ひとえうめ　一重梅　13
びゃくぐん　白群　**125**
びゃくろく　白緑　**113** 117
びろーど　ビロード　99 **119**
ひわいろ　鶸色　**97** 103
ひわだいろ　檜皮色　35 **39**
ひわちゃ　鶸茶　**97** 103
びわちゃ　枇杷茶　**63**
ひわもえぎ　鶸萌黄　**103**
びんろうじぐろ　檳榔子黒　162
びんろうじぞめ　檳榔子染　**162** 164

【ふ】
ふかあいいろ　深藍色　129
ふかがわねずみ　深川鼠　**126** 129 131
ふかきくちなし　深支子　**53**
ふかむらさき　深紫　**147**
ふじいろ　藤色　139 **143** 151
ふじすすたけ　藤煤竹　**149**
ふしぞめ　柴染　**67**
ふじなまかべ　藤生壁　80
ふじねずみ　藤鼠　25 **139**
ふじむらさき　藤紫　**143**
ふたあい　二藍　139 141 **143** 145 153
ぶどうねずみ　葡萄鼠　**151**
ぶんごねずみ　豊後鼠　21

【へ】
べに　紅　**22**
べにいろ　紅色　25 35
べにうこん　紅鬱金　33 **61**
べにかけそらいろ　紅掛空色　**139** 141
べにかけはないろ　紅掛花色　139 **141**
べにかけふじ　紅掛藤　151
べにかば　紅樺　**33** 61
べにききょう　紅桔梗　141
べにけしねずみ　紅消鼠　**161**
べにこうじ　紅柑子　61
べにとび　紅鳶　**33** 35 155
べにひ　紅緋　**41**
べにひわだ　紅檜皮　**35**
べにふじ　紅藤　143 **151**

べにふじいろ　紅藤色　155
べにみどり　紅碧　**139**
べんがらいろ　弁柄色　**43**

【ほ】
ぼうたん　牡丹　**153**
ぼたん　牡丹　**153**
ほんちょうじちゃ　本丁子茶　63
ほんときいろ　本鴇色　22
ほんひ　本緋　41
ほんべに　本紅　25
ほんむらさき　本紫　155

【ま】
ますはないろ　舛花色　**133**
まそほ　真朱　29
まつのはいろ　松の葉色　109
まつばいろ　松葉色　99 **109** 111
まめがらちゃ　豆がら茶　111

【み】
みずあさぎ　水浅葱　123 126 127
みずいろ　水色　123 126 **127**
みずがき　水がき　**35**
みずがき　水柿　35
みずはなだ　水縹　123 127
みどり　緑　**112**
みなとねずみ　湊鼠　**126**
みるあい　海松藍　91 101
みるあお　海松青　91
みるいろ　海松色　91 97 **101**
みるちゃ　海松茶　**91** 101

【む】
むしあお　虫襖　**119**
むしあお　虫青　**119**
むしくりいろ　蒸栗色　**94**
むらさき　紫　**148**
むらさきとび　紫鳶　33 **155**

【め】
めっし　滅紫　**145**

【も】
もえぎ　萌黄　95 **107** 109 153
もえぎ　萌葱　107
もえぎ　萌木　107
もえぎいろ　萌黄色　97 99
もくらんじき　木蘭色　71
ももいろ　桃色　**17** 19
ももしおちゃ　百塩茶　**45**

【や】
やなぎすすたけ　柳煤竹　99 **107**
やなぎすすたけちゃ　柳煤竹茶　107
やなぎぞめ　柳染　**105**
やなぎちゃ　柳茶　**99**
やなぎねずみ　柳鼠　99 **111**
やまばといろ　山鳩色　99 153
やまぶきいろ　山吹色　**75** 80 95
やまぶきちゃ　山吹茶　**75**

【よ】
ようかんいろ　羊羹色　**45**
よしおかぞめ　吉岡染　**63** 162

【ら】
らんちゃ　蘭茶　75

【り】
りかんちゃ　璃寛茶　37 **101**
りきゅうしらちゃ　利休白茶　**87** 89
りきゅうちゃ　利休茶　87 **89**
りきゅうなまかべ　利休生壁　80 89
りきゅうねずみ　利休鼠　131 **159**
りんどういろ　龍胆色　145

【る】
るりいろ　瑠璃色　**139**
るりこん　瑠璃紺　**139**

【ろ】
ろいろ　呂色　**164**
ろいろ　蠟色　**164**
ろくしょう　緑青　113 **117** 125 135
ろこうちゃ　路考茶　37 **89** 103

【わ】
わかたけいろ　若竹色　69 **111** 115 117
わかなえいろ　若苗色　107
わかふじ　若藤　143 151
わかみどり　若緑　117
わかめいろ　若芽色　107
わすれなぐさいろ　勿忘草色　**135**

参考文献

Bibliography

『色名総鑑』和田三造　春秋社　1931年
『日本色彩事典』武井邦彦　笠間書院　1973年
『色の日本史』（淡交選書4）長崎盛輝　淡交社　1974年
『日本の色』大岡信編　朝日新聞社　1976年
『色―染と色彩』（ものと人間の文化史38）前田雨城　法政大学出版局　1980年
『色名の由来』（東京選書）江幡潤　東京書籍　1982年
「総特集　色」（is増刊号）ポーラ文化研究所　1982年
『色の彩時記　目で遊ぶ日本の色』朝日新聞社編　1983年
『譜説　日本伝傳色彩考』長崎盛輝　京都書院　1984年
「特集―色」（日本の美学5）ぺりかん社　1985年
『新版　色の手帖』永田泰弘監修　小学館　1986年
『譜説　かさねの色目配彩考』長崎盛輝　京都書院　1987年
『日本の伝統色　色の小辞典』福田邦夫著、日本色彩研究所編　読売新聞社　1987年
『Color Guide International　国際版色の手帖』尚学図書・言語研究所編　小学館　1988年
「日本の色を楽しむ」（装飾デザイン31）学習研究社　1989年
『奇妙な色名事典』福田邦夫　青娥書房　1993年
『色の名前』近江源太郎監修　角川書店　2000年
『日本の色辞典』吉岡幸雄　紫紅社　2000年
「色の博物誌・緑―豊潤な影」目黒区美術館　2001年
「色の博物誌・黄ー地の力&空の光」目黒区美術館　2004年
『日本の色』学習研究社　2004年
『京の色事典』藤井健三監修　平凡社　2004年
『色彩デザイン見本帳』エムディエヌコーポレーション　2005年

写真図版一覧

Ilustrations

12p／上左　撫子　城南宮　京都　撮影：中田昭
12p／上右　紫式部源氏かるた　紅梅
二代歌川国貞　国立歴史民俗博物館
12p／下　紅梅　北野天満宮　京都　撮影：中田昭
14p／三船祭　京都　撮影：中田昭
16p／上　桃色絽地鷺草木模様縫振袖　江戸時代
国立歴史民俗博物館
16p／下　桃　浄福寺　京都　撮影：中田昭
18p／上　桜　妙心寺　京都　撮影：中田昭
18p／下　葵祭　上賀茂神社　京都
撮影：橋本健次
20p／加茂競馬文様小袖　江戸時代
京都国立博物館
22p／紅花　撮影：中田昭
23p／黒韋威肩紫紅白糸胴丸　室町時代
京都国立博物館
24p／上　夕照　嵯峨野　京都　撮影：橋本健次
24p／下　葵祭　京都　撮影：橋本健次
26p／御粥祭り　京都　撮影：中田昭
27p／麻幾何学文更紗紙入　江戸～大正時代
国立歴史民俗博物館
28p／夜桜　円山公園　京都　撮影：中田昭
30p／引札　袴姿の美人　明治時代
京都国立博物館
32p／上左　曙染絽地朝顔に婦女立姿文様
江戸時代　京都国立博物館
32p／上右　丹後半島　京都　撮影：橋本健次
32p／下　鴨川　京都　撮影：中田昭
34p／朧銀鍍金珊瑚玉簪・朧銀七宝形珊瑚玉簪
江戸時代　国立歴史民俗博物館
35p／舞妓　京都　撮影：宮野正喜
36p／河原崎国太郎　河原崎権十郎　中村芝翫
市村家橘　沢村田之助　二代歌川国貞
大判5枚続　山口県立萩美術館・浦上記念館
37p／赤羅紗地蝶牡丹文金糸肉入縫筥迫　江戸時代
国立歴史民俗博物館
38p／茶（檜皮）縮緬地腰若松熨斗目裾扇模様友禅
染縫振袖　国立歴史民俗博物館
39p／串柿　かつらぎ町　和歌山　撮影：中田昭
40p／上　巫女　八坂神社　京都　撮影：橋本健次
40p／下　栗　丹波　京都府　撮影：橋本健次
42p／家屋壁面　一力　京都　撮影：宮野正喜
43p／武具断片　国立歴史民俗博物館
44p／信楽写肩衝茶入　銘皆奈瀬　清水六兵衛
（初代）江戸時代　京都国立博物館
46p／山門　真如堂　京都　撮影：橋本健次
48p／茶縮緬地遊狗草花模様染縫小袖　江戸時代
国立歴史民俗博物館
50p／上　目白　紅雀　林木美鳥図会
国立歴史民俗博物館
50p／下　雀　撮影：亀村俊二
52p／蒲　光雲寺　京都　撮影：中田昭
54p／柿　八瀬　京都　撮影：中田昭
56p／紅葉　光明寺　京都　撮影：中田昭
57p／黄櫨染袍　明治時代　福岡市博物館
58p／萱草　京都　撮影：橋本健次
60p／梅がはま　歌川豊国　国立歴史民俗博物館
62p／炮烙割り　壬生狂言　京都　撮影：宮野正喜
64p／上　西宮山古墳　装身具　琥珀小玉
古墳時代　京都国立博物館
65p／下　柿釉碗（柿天目）宋時代
京都国立博物館
66p／紅葉　京都御所　京都　撮影：中田昭
68p／唐織　浅葱金茶段秋草文様　江戸時代
京都国立博物館
70p／僧侶　大覚寺　京都　撮影：橋本健次
72p／染分縮緬地紅葉草花鴛鴦模様友禅・
染分縮緬地幕枝垂桜網干友禅　江戸時代
国立歴史民俗博物館
74p／山吹　松尾大社　京都　撮影：橋本健次
75p／半尻〈夏〉山吹色立涌顕文紗　江戸時代
京都国立博物館
76p／上　近世衣装裂貼装虫干図屏風（右隻）
江戸時代　国立歴史民俗博物館
76p／下　黄羅紗地竹文縫筥迫　江戸時代
国立歴史民俗博物館
77p／菊文黄玉簪　国立歴史民俗博物館
78p／黄縮緬地桜樹短冊模様友禅染切付小袖
江戸時代　国立歴史民俗博物館
79p／黄紗綾型品川宿図守り袋　江戸～大正時代
国立歴史民俗博物館
80p／雛形花葉初模様　国立歴史民俗博物館
81p／窓　祇園　京都　撮影：中田昭
82p／梔子　京都　撮影：橋本健次
84p／鬱金綸子地雪輪竹模様絞小袖　江戸時代
国立歴史民俗博物館
86p／茶室　京都　撮影：中田昭
88p／見立闇尽　恋のやみ　八百屋お七　歌川国貞
大判1枚　山口県立萩美術館・浦上記念館
89p／抹茶　京都　撮影：宮野正喜
90p／鴬　撮影：西巻実

92p／菜の花畑　嵯峨野　京都　撮影：橋本健次
94-95p／女郎花　越畑　京都　撮影：橋本健次
96p／鶸平絹地牡丹楓折枝鳳凰丸模様絞縫小袖
江戸時代　国立歴史民俗博物館
98p／上　苔の庭　真珠庵　京都　撮影：橋本健次
98p／下　市松の庭　東福寺　北庭　京都
撮影：橋本健次
100p／海松金蒔絵櫛　江戸～明治時代
国立歴史民俗博物館
102p／梅幸百種之内　権八　豊原国周
大判1枚　山口県立萩美術館・浦上記念館
104p／岩井半四郎の腰元更梅　豊原国周
大判1枚　山口県立萩美術館・浦上記念館
106p／萌葱縮緬地薬玉御簾秋草模様染縫振袖
江戸時代　国立歴史民俗博物館
108p／上　松　二条城　京都　撮影：中田昭
108p／下　平安神宮　京都　撮影：宮野正喜
110p／竹　嵯峨野　京都　撮影：橋本健次
111p／七宝柳燕文花瓶　尾張　明治時代
京都国立博物館
112p／総角　京都　撮影：橋本健次
113p／檜扇　京都　撮影：中田昭
114p／竹林　嵯峨野　京都　撮影：中田昭
116p／上　破風　京都　撮影：宮野正喜
116p／下　擬宝珠　三条大橋　京都
撮影：橋本健次
118p／上　ビロード三菊御紋御羽織　黒ビロード
江戸時代　京都国立博物館
118p／下　誂染好の色取　あい見る茶
歌川国芳　団扇絵判1枚
山口県立萩美術館・浦上記念館
120p／青磁牡丹唐草文瓶　元（14世紀）
山口県立萩美術館・浦上記念館
122p／白釉鉄絵草文筒形三足深鉢　元・明
（14世紀）山口県立萩美術館・浦上記念館
124p／雪景柳下に立つ四世松本幸四郎と美人
鳥居清長　細判1枚
山口県立萩美術館・浦上記念館
126p／風俗三十二相　おもたそう
天保年間深川かるこの風ぞく　月岡芳年
大判1枚　山口県立萩美術館・浦上記念館
127p／白髭の鳥居　滋賀　撮影：橋本健次
128p／上　富嶽三十六景　信州諏訪湖　葛飾北斎
横大判1枚　山口県立萩美術館・浦上記念館
128p／下左　藍縮地鶴貝浜松模様染縫振袖
江戸時代　国立歴史民俗博物館
128p／下右　開化三十六会席　新橋　豊原国周
大判1枚　山口県立萩美術館・浦上記念館
130p／上　藍鼠地浦辺の景飛鶴文様振袖
明治時代　京都国立博物館
130p／下　藍鼠地松樹飛鶴文様松皮取り熨斗目振袖
明治時代　京都国立博物館
132p／花色紗綾地湊取りに梅菊文様小袖
江戸時代　京都国立博物館
134p／上左　薄縹絽地御簾菊雲模様染縫振袖
江戸時代　国立歴史民俗博物館
134p／上右　縹緘胴丸　兜・大袖付
附旗一旒　京都国立博物館
134p／下左　勿忘草　京都　撮影：橋本健次
134p／下右　祇園祭　京都　撮影：橋本健次
136p／上　紫露草　京都　撮影：橋本健次
136p／下　露草　京都　撮影：橋本健次
138p／瑠璃釉慈姑文壺　明（16世紀）
山口県立萩美術館・浦上記念館
140p／桔梗　京都　撮影：宮野正喜
142p／山藤　八瀬　京都　撮影：橋本健次
144p／紫苑　京都　撮影：中田昭
146-147p／花川戸助六四郎　河原崎三舛
三浦や揚巻　岩井半四郎　他　豊原国周
大判3枚続　山口県立萩美術館・浦上記念館
148-149p／其姿紫の写絵　十三　歌川豊国
国立歴史民俗博物館
150p／藤　平等院　宇治　京都　撮影：橋本健次
152p／上　杜若　勧修寺　京都　撮影：橋本健次
152p／下　牡丹　乙訓寺　京都府
撮影：橋本健次
154p／みつば躑躅　槙尾　京都　撮影：中田昭
156p／上　小袖　白練貫地草花文様段片身替
桃山時代　京都国立博物館
156p／下　竹　京都　撮影：橋本健次
158p／鳥羽画の升六　児鼠　歌川国貞　大判1枚
山口県立萩美術館・浦上記念館
160p／源氏物語色紙帖　梅枝　土佐光吉
京都国立博物館
162-163p／托鉢の僧　京都　撮影：宮野正喜
164p／小鼓胴　京都　撮影：宮野正喜

写真・資料掲載協力：
東京国立博物館（Image: TNM Image Archives Source: http://TnmArchives.jp/）
京都国立博物館　国立歴史民俗博物館　日本大学芸術学部図書館　山口県立萩美術館・浦上記念館
亀村俊二　中田 昭　西巻 実　橋本健次　宮野正喜

日本の伝統色

THE TRADITIONAL COLORS OF JAPAN

2007年1月7日　初版第1刷発行

企画・編集：濱田信義（編集室 青人社）
翻訳：マクレリー ルシー（ザ・ワード・ワークス）
デザイン：津村正二（ツムラグラフィーク）
校閲：山中恭子（株式会社麦秋社）
制作進行：山本智子（ピエ・ブックス）

発行人：三芳伸吾
発行所：ピエ・ブックス
〒170-0005東京都豊島区南大塚 2-32-4
編集
tel: 03-5395-4820　fax: 03-5395-4821
editor@piebooks.com
営業
tel: 03-5395-4811　fax: 03-5395-4812
sales@piebooks.com

PIE BOOKS
2-32-4, Minami-Otsuka, Tosima-ku, Tokyo
170-0005 Japan
tel: +81-3-5395-4811　fax: +81-3-5395-4812
sales@piebooks.com

印刷・製本・技術協力：株式会社サンニチ印刷

Printed in Japan
ISBN987-4-89444-578-9